郷中教育と薩摩士風の研究

九州大学名誉教授
安藤　保

南方新社

はじめに

郷中教育とは、方限単位に、七歳ぐらいより二十五歳ぐらいまでの武士階級の青少年が団体（郷中）を編成し、特別の施設もなく、特定の教師もおらず、特別の公的補助もなしに、薩摩武士たるべき人間形成・人格形成を目指して、自発的、継続的に行ってきた教育活動であるとされる。目指す薩摩武士とは、「薩摩隼人」の語にイメージされる質素・剛健・尚武・廉恥を身につけた武士であった。この教育を受けた者達が中心となって明治維新を推進し、明治政府成立後は高位・高官に昇った者が多いことをもって、この教育の優秀性が示されたものであるとする理解が、いわば「定説」化されている。

では、郷中教育に対するこのような理解は、どのようにして出てきたのであろうか。

郷中教育研究の研究史を遡ると、この理解の出発点には、鹿児島県教育会編『薩藩士風沿革』がある。この本は、明治四十（一九〇七）年、後に大正天皇となる皇太子が鹿児島行啓の際、台覧に供するため急遽編纂されたものを、同四十二年に刊行・頒布したものである。

この本では、忠孝・質素・廉恥・武勇・勤王をキーワードとし、島津忠良（日新）による武士子弟教育、士風振作から説き起こし、薩摩藩歴代藩主が士風の涵養に意を払ったことにより、勤王の志を持つ優れた人材が養成されたことを明らかにするという、きわめて明確な方向性を持つものであり、郷中教育も、その論旨に沿うよう位置づけられている。

以後の郷中教育に関するまとまった研究成果は、岩元禧『薩摩士風と郷中』・林吉彦『薩藩の教育と財政並軍備』・松本彦三郎『郷中教育の研究』・鹿児島県教育委員会編『鹿児島県教育史』・北川鐵三『薩摩の郷中教育』・郷中教育研究会編『郷中教育の歴史』などにより見ることができるが、いずれも『薩藩士風沿革』の論旨に沿っている。

すなわち、武士子弟教育にとり有効であり、優秀な教育組織であるとの高い評価は、『薩藩士風沿革』の示した枠組みを基にし、それに、幕末期に郷中教育を経験し、政府の高位・高官に昇った人々の回想談などを有力な傍証として、明治末年以降書かれた諸本によって与えられ、現在まで継承されているのである。

郷中教育に高い評価が与えられているため、この教育を現代に生かそうとしたり、世界に通用する教育方法である、との考えも出てくるのも当然である。

前者では、郷中教育のモットーであるとされる「負けるな」・「弱いものをいじめるな」・「うそをいうな」などを校訓とする学校もある。

後者では、イギリス発祥のボーイスカウトは、郷中教育にヒントを得たベーデン・パウエル卿により組織されたものであり、ボーイスカウトは現代的で、国際的に優れた教育組織・教育方法であるから、参考にされた郷中教育も優れた教育組織・教育方法である、とすることなどである。

しかし、このことは、郷中教育がどのようなものであったか、という歴史事実を直視せず、便宜的解釈であったり、郷中教育の方法の一部を取り入れたりしているに過ぎない。

先出の「負けるな」については、「『私欲に負けるな』であり、『怠惰な自分に負けるな』であり、己を超克する克己の教え」である、とする（山下巌『鹿児島の教育』）。

しかし、実際には、子供が石に躓いて倒れて泣いた時、母親は、子供に対して「負けるな、打って返せ」と言うというのである。人だけではなく、石に対してさえも負けるなという競争意識が、本来の郷中教育時代の意味であり、山下氏の解釈は、現代にも通ずるように解釈し直したものであり、歴史を直視したものではない。

また、ボーイスカウトと郷中教育の関係では、確かに、年齢により分けられた集団があり、異年齢集団組織の中で、年長者が年少者を教えるという点は共通し、ボーイスカウトの成立に郷中教育の仕組みが参考とされたことは事実であろう。

しかし、両者において決定的に異なるのは、ボーイスカウトの組織・活動は、正規の教育外の組織・活動であり、郷中教育は、それのみが教育のすべてであったことである。両者に類似する点があっても、人格形成への影響は大きな差があった。

すなわち、郷中教育を現代的視点から見るのではなく、その時代的背景の中で郷中教育の実態を直視することにより、始めて歴史に学ぶことができるのである。

事実、郷中教育の経験者の中には、この問題点を指摘した人もいるのであるが、先出のすべての論著では取り上げられていない。郷中教育の優秀性の証明に沿わない史資料を排除し郷中教育を論ずることは、無意味であるばかりか、歴史に学ぼうとする人には害になる。

ここで取り上げる人は、上方限後迫郷中で郷中教育を経験し、西南戦争前に私学校生の制止を振り切り上京し、駒場農学校に学び、盛岡高等農林学校校長を経て初代鹿児島高等農林学校校長となる玉利喜造氏である。氏は、「過去五十年間鹿児島教育界の回顧」（『学舎之研究』第一輯）で、次のように記している。

（運動遊技の一つである「降参言わせ」では卑怯なことはできない、との記述の後に）怯なるものは又種々戒飭《カイチョク》又は「イヂメ」もするが、近頃は実際に争闘《イサカイ》せしむること行われたり、それは兼々行状悪く性質の卑陋なるもの、若しくは卑怯なるものと認められ、若しくは他の理由よりして、二才衆が悪み居るものを、他の一人に摘ましめ（頬をひねる）、若しくは打擲せしむ、之れに応じて起たざれば益々卑怯ものとして一層の呵責に遭ふゆえ、嫌《イ》や〳〵ながらもそれに敵対して、遂に真成に一生懸命の争闘《イサカイ》をなす、今まで仲善く遊び居十才、十二、三才の少年の

鹿児島大学構内の玉利喜造胸像

著者撮影

間に、何等事由なく、突然他の命令に依て懸命の争闘をなさしむ、実に惨酷非道も甚し矣と謂ふべし、余の一友人は、之れが為め脛骨を挫きたることありし、斯くして出来上りたる鹿児島人の気質性格は以て察すべきなり（句点は著者が適宜付した部分がある）

このような教育を経てでき上がる薩摩人の性質は、「自ら勇猛激烈のものあらんも、之れ往昔一騎打時代に適応して、今日は軍人としても欠点たる性質」である、と指摘する。

郷中内の出来事については、他からの口出しは一切無用との決まりの中で、年長者による年少者に対する指導との名でのいじめが行われていたのであり、この教育のみを受け成長した者が優れた人材になるはずはなかった。明治期に薩摩出身の高位・高官が多いという事実を、郷中教育の成果であると短絡することは誤りであり、郷中教育以外の影響も考慮しなければならない。

また、今までの郷中教育の研究では、教育内容については指摘するが、その効果については、先出の短絡的記述に終始する。

教育効果の検証に当たっては、人格形成のための教育という性格上、単に教育を受けている期間のみを対象とするのではなく、郷中教育を受けた後、どのような薩摩藩の武士となっているかが判断の基準となる。玉利氏の理解は先出の通りであるが、さらに、明治中期の著述でありながら、藩政時代の状況を示すものとして引用されることの多い旧長岡藩士本富安四郎著『薩摩見聞記』の記述は、郷中教育の教育効果を検証する場合、注目に値する。要点のみを略記すると、次のとおりである。

①公私の別がなく、身贔屓の風が強いために藩閥情実の病根を作る。

②一事を連続的に反復推究すること、および一定不変の理想を持ち、この理想を判断基準として万事を処することは苦手である。したがって、薩摩人の性格は、動時には適するが、静時には不適である。

③道理や主義よりも実効実果・勝敗・成否を重視するため、感情を制し実効実果のある方に与する。したがって、行動に前後矛盾することが多い。すなわち一個の主義理想を固定し、このために殉死全滅するような損な忠義立てはしないのが普通である。

④素朴、無造作な薩摩人には不似合いなほど、駆け引き、謀略的思想に富む。

⑤一人では事をなさず、衆を頼んで事をなす風がある。そのため、個人独立の思想、権利自由の考えは発達していない。

『薩摩見聞記』の記述が、すべて正確であるとは断言できないにしても、郷中教育の「定説」で説かれる、目指される人物像とは大きく異なる。

右の二つの資料は、郷中教育が人材養成に適した教育法であったとする「定説」に否定的である。郷中教育研究をリセットするには、「定説」の呪縛から離れ、正確な史料による郷中教育や薩摩の士風などの再検討が必要である。

本書では、右の立ち位置から、薩摩の士風および郷中教育の成立と変遷について、史料に基づき実証することにする。

郷中教育と薩摩士風の研究――目次

装丁　オーガニックデザイン

郷中教育と薩摩士風の研究

一　郷中教育の概観

郷中教育の評価についての「定説」については先述したが、ここでは、以後述べることを理解しやすくため、蛇足の感があるが、郷中教育とはどのようなものとして理解されているか、いわば、郷中教育の「定説」について概観する。

【成立】郷中の直接の出発点は、慶長元年に定められた「二才咄格式定目（にせばなしかくしきじょうもく）」（以下、「格式定目」と略記）にある「咄相中（はなしあいじゅう）」に求めることができるが、その前史として島津忠良（日新）による教育活動がある。

島津家十五代領主貴久の実父である日新は、神儒仏三教の精神に通暁し、三教を和合させた独特の「日学」を始めた。「日学」は、忠孝仁義を基調とした実践躬行を主意としたものであり、中世末から藩政期を通じ、治世・教育の基本方針として重視された。「いにしえの道を聞ても唱えてもわかおこなひにせすはかひなし」に始まる「いろは歌四十七句」は、和歌という伝承しやすく、記憶に便利な方法により日新の思想を伝えたものであり、藩主より一般武士に至るまで、学問の第一歩として学び、日常の治世・生活に生かされていた。

また、天文八（一五三九）年に出された「忠良・貴久連署掟」（以下、「連署掟」と略記）では、「若き衆中は、武芸、角力、水練、山坂歩行、平日手足をならすべき事」と、青少年の日常的身体鍛錬を指示し、この方針は「格式定目」にある「山坂達者」へと引き継がれた。さらに、日新は、諸士子弟教育のため、学問、身体鍛錬の毎日の課業を定めると共に、毎月五、六度、城中に子弟を集め、自ら四書を講義し、また時には「義理の咄」や「忠孝人の咄」をする会を持った。

このような、日新により行われていた武士子弟教育が、長期間の朝鮮出兵により生じた領内の風俗・風紀の乱れと士風の弛緩に際して思い出された。留守を預かる老臣らは、胸襟を開いて自由に話し合い、切磋琢磨し合う若者（二才）の集団（咄相中）を結成させ、その成員の守るべき規則を「定目」として定めた。咄相中は地域性がなく、また任意の加入であったが、負けず嫌いの薩摩隼人らは質朴剛健・文武修練・礼譲を競い、たちまちにして士風は立ち直った。

しかし、時代の推移と共にまた綱紀も緩みだした。吉貴期の宝永二（一七〇五）年、与（くみ）が地域ごとに編成されたことを契機として方限（ほうぎり）が作られ、今まで任意加入であった「相

兵子の代表　大石兵六

鹿児島県立図書館所蔵『大石兵六夢物語』より

中」から、方限の二才全員が自動的に加わる「郷中（ごうじゅう・ごじゅう）」が出現し、さらに、宝暦期の稚児掟の成立に見るように、稚児も加入することにより郷中教育の形は整った。すなわち、郷中教育は、「連署掟」により土台が据えられ、「格式定目」により指導の基本方針が定められ成立するが、その後、方限の形成により、人口に膾炙する形での郷中の組織が成立した。

【組織】 成立した郷中の組織は、次のとおりである。

書物の師匠
｜
郷中頭——二才《にせ》——稚児頭——長稚児《おせちご》——小稚児《こちご》
｜
長老《おせんし（おせ）》

六、七歳で小稚児として郷中入りし、十一歳で長稚児、十四、五歳で二才となり、二十四、五歳で郷中を離れ長老となる。

郷中では、二才—長稚児—小稚児の集団の序列が厳然としてあり、下位集団は上位集団に対して絶対服従する縦の組織である。郷中全体を束ねるのが郷中頭（二才頭）であり、稚児を束ねるのが稚児頭である。草牟田郷中の年長稚児《おせちご》は、十三、四歳の年齢に達し、品行正しく学問常識の備わった稚児の中から選抜されて、二才頭以下の評議により年長稚児の名称が与えられるので、一般の稚児より羨望せられた、とあり、選ばれた数名の年長稚児は、稚児頭的役割を担っていたことからすれば、郷により組織にも多少の違いがあったようである。

組織外で郷中の運営と教育を支える者として、長老と書物の師匠がいる。長老は二才の先輩であり郷中の重大事項などの相談にあずかった。書物の師匠は、稚児に対して基礎教育としての早朝の素読を主として受け持った。

【日課】 小稚児は、明け六ツ（六時）の鐘を合図に競って書物の師匠宅を訪ね、素読の指導を受け帰宅、五ツ（八時）には稚児頭の指揮で相撲・旗取り・大将防ぎ・降参言わせなどの擬戦・競争の遊戯（天候不良の場合は、大名カルタなどの室内遊戯）、四ツ（十時）から教場として提供されている長稚児宅の座元で、長稚児による復習や生活の指導を受けた。午後は運動遊戯等の後、七ツ（四時）には稽古場で示現流の指導を二才から受け、六ツ（六時）には帰宅した。小稚児は暮れ六ツ以後の外出は、基本的には厳禁であった。

長稚児の一日の流れは、早朝、素読の指導を受け、座元での小稚児の指導、午後の運動遊戯、稽古場での二才による武術稽古指導、夕方、二才の夜話の座元において復習や生活指導を受け、夜五ツ、二才衆の護衛の下に帰宅、であった。

二才は、午前中は勤務や造士館に出席し、午後は個人または師友との文武稽古の後、四ツには稽

大名（武将カルタ）　山田昌巌札（左・表　右・裏）

鹿児島県立図書館所蔵

現代の妙円寺詣り

丸茂克浩氏撮影

古場で稚児を指導した。夜は座元で長稚児の指導後、二才のみの夜咄の会となり、軍書購読・武道の談話、詮議などを行った。

【式日・式夜・年中行事】郷中教育では、式日・式夜がある。定まった日・夜に読書・字会《じげ》(毎月二回清書を持ち寄り評点を受ける会)・席書《せきがき》(春秋に白紙に清書し評点を受ける会)・詮議などの定められた学習・行事が行われた。また、日新寺詣・心岳寺詣・妙円寺詣・十五夜綱引き・義士伝輪読・木刀伐遠足などの年中行事も定められていた。

【詮議】詮議には通常の詮議と生活詮議がある。通常の詮議は、忠孝・武士道を根本にした設問で問い詰め、武士に恥じない行動が常にとれるようにする訓練である。問題は種々あるが一例を挙げよう。

弁慶、安宅の関で義経を打擲せしは、臣としてあるまじきことなり、如何。

生活詮議は、主として稚児の生活指導のために行われるものであり、倫理・風紀・品行に関する違反事項を申告させ、また、指摘させ合った。違反した者へは訓戒し、将来を戒めるのみであるが、違反が数回に及べば、違反の程度により罰読・折檻・鍔押し・謹慎・義絶などの罰を加えた。詮議は、武士道鍛錬において、品行を正し、利欲を去り、高潔清廉の心を養い、男女の区別を明らかにすべき常習性を扶植するのに有効であった、とされる。

【郷中掟・稚児掟】郷中には掟が制定されており、遵守が義務づけられている。この徹底のため、稚児には掟の朗読・拝聴する式日が設けられている郷中もあった。

現在知られている郷中掟などを列挙すれば、次のとおりである。忠良・貴久連署掟（天文八〈一五三九〉年）・二才咄格式条目（慶長元〈一五九六〉年）・長稚児相中掟（宝暦四〈一七五四〉年）・小稚児相中掟（同）・下荒田郷中掟（嘉永五〈一八五二〉年）・新屋敷郷中掟（文久三〈一八六三〉年）・高見馬場郷中掟（年不詳）・新屋敷郷中「云い合せ事」（同）・草牟田郷中掟（同）。

郷中掟には、「武士道に背く間敷事」などのように、抽象的・精神的内容の箇条と「無刀にて門へ出づまじき事」のように、具体的行動規制の内容の箇条が混在する。

新屋敷郷中「云い合せ事」・草牟田郷中掟は行動規制中心の掟であり、前者は「君国の為には身命を抛つべき事」・「父母の仰せに背くまじき事」を除く十ヶ条、後者は「父母の申すこと第一聞くべき事」を除く二十五ヶ条が行動規制の項目である。

二　成立期の問題

成立期の郷中教育を説く時、誰もが必ず利用し、全面的に依存する史料がある。「連署掟」と「格式定目」である。果たしてそれほど信頼してよい史料であろうか。史料の信憑性から検討しよう。

1　「連署掟」の検討

まず、史料の全文を、読み下し文にして、次に示そう。

掟

一諸士衆中忠孝の道第一に相守り、五人与中むつましく交わるべき事

一領地多き衆は、七書を習ひ、人数かけ引昇貝・太鼓の合図、作法常々調練あるべき事
一若き衆中ハ、武芸・角力・水練・山坂歩行、平日手足をならすべき事
　但、所領持ち並びに無息の衆中、其の身相当の武道・武芸心懸けなき輩は、所帯没収の上、
　　重科たるべし
一田地壱反ニ付、武用に立ち候家の子壱人ツヽ家内ニ養育あるべき事
一陣中三十日自飯粒引当なし、並びに軍役出物など遅滞においては、所帯を没収すべき事
一諸士衆中、番・狩・普請、其のほか役務の間ニは唯居致さず、主人・家の子・女迄も、早朝
　より農業ニ出るべき事
　但、地頭・領主の免許を請けずして其の所をはづし出候ハヽ、死罪たるべし
一百姓並びに又内の者にても、独身並びに困窮者あらハ、横目衆に非ず候とも、早速直に申し
　出るべき事
一諸士衆中の子共、免許無くして出家成り停止たるべき事
一地頭・領主並びに奉行・頭人下々の訴訟、則ち披露致さず、又は邪なる捌き候ハヽ、取り次
　ぎに及ばず、我等父子の目どおりニ直ニ申し出るべき事
一我等父子の邪行、聊爾の儀見聞候者、誰人にても差し置かず［諫言］いたすべき事
　天文八年己亥正月　日　　　　　　　　　　　　　　　忠良御判

この史料は『薩藩旧記雑録』に所収されているが、編者の伊地知季安が、「右原本何れに在るか博古ニ糺すへし、いまた其の出所を知らさる也、両公の御譜ニも見へす、右の御文書に奉行・頭人・五人組、或違犯之輩なとかゝれしハ近世の詞に似たり、或人云う、徳田翁の偽作と、左もあらんか、糺すへし、此に載せて考えニ供す」と注記している。

すなわち、この史料は、原本が見当たらず、流布している史料の正確な出所も不明という得体の知れない史料であり、徳田邕興の偽作との噂が既に江戸時代にあった。しかも、伊地知も近世に出てくる詞があることを指摘し、偽作説に「左もあらんか」と同意するのである。

史料の偽作者とされる徳田邕興は、「中華ノ兵法、本朝軍制武事、明主・良将ノ遺伝スヘテ合伝シ（中略）其の長短勝劣ヲ選ヒ、其の国先主ニ基ツキ今ノ時、今ノ所ニ権用ヲナシ、材能ヲ長スル」ということを流儀の内容とすることから名付けられた、合伝流軍学の祖である。

徳田家の家格は小姓与であり、四番与に属した。徳田家の家計状況は「無高・無屋敷」と自ら記すとおり極貧であった。軍学修行は甲州流軍学の園田氏へ入門するが、奥義へ一段進むごとに払う謝金が払えず、早い段階で同列の者に後れを取り、ついに流儀を究めることに見切りを付け、江戸遊学に上った。『鹿児島県史』では、江戸で山県大弐・須藤一柳に就き軍学を修行し、須藤の奥伝を受けた、とある。徳田の自記によると、さらに甲州流軍学の奥伝を授けられ、園田も所持するはずのない特別の「秘書」を所持している、とする。

徳田は文化元（一八〇四）年、六十七歳で死去するから、彼の青壮年期は、島津重豪による「都化策」により、彼の信奉する日新・貴久～義弘期の士風とは対極にある士風へ変化した時であり、しかも、当時の藩軍学は、彼の説く実戦的軍学ではなく、見栄えのする形式を重視した甲州流軍学であった。彼は合伝流を藩軍学にするために甲州流軍学を批判し、造士館での開講を求めたため、安永五（一七七六）年、大島へ十二年間の流罪となるのである。薩摩藩で絶対視され続けている日新などの権威を借りて、合伝流を藩軍学とするためには、日新・貴久期の士風を示す文書が必要であったことからの偽作であろう。

さて、本題に戻り、伊地知の指摘に導かれて「連署掟」の（1）用語、（2）内容、について吟味することに移ろう。

（1）用語の吟味

【五人組】中世末、島津領には士五人組があり、それが軍組織となっていたと多くの先学は指摘する。これに従えば、「連署掟」に五人組の詞があるのは問題ないともいえる。しかし、中世末に五人組があったことの証明は、この「連署掟」と徳田邕興著『島津家旧制軍法巻上抄』に依拠しているのである。

『忠平公御一世御軍記』によれば、天文二十二（一五五三）年、岩剱城合戦の状況を、「予、軍の勝負を量らず、忽ち陣中の軍兵を引率し攻め寄せる」とし、また、元亀二（一五七一）年、伊東との加久藤合戦の状況を、「予の旗下の勇士十四五騎、身命を捨て差し向かい、火花を散らし相戦う」とすることからすれば、五人組体制による、組織だった戦の仕方ではない。したがって、これより十数年前の天文八（一五三九）年に、五人組があったとすることには否定的にならざるをえない。また、『島津家旧制軍法巻上抄』が、「御府城・外城の士五人ヲ定メ、二伍合テ什人一列」を一小組としたと、隊伍を組んだ戦を想定する記述も問題があると言わざるをえない。

【諸士・衆中】 右の史料には三ヶ所（一・六・八条）に、武士総体を指す言葉として「諸士・衆中」が使われている。

衆は一般的には複数を表す言葉であるが、中世末から近世初頭にかけ、島津領ではひとまとまりの武士団を指している。例えば、鹿児島衆・吉田衆などのように、各郷ごとに地名を冠した武士団、すなわち衆がいた。後に、これらの衆が、鹿児島衆の場合、鹿児島士、城下士と名称を変え、また、吉田衆の場合、外城衆中、（外城）郷士と名称が変更される。

衆は、また、衆中とも称され、「衆中の儀、前代士の通称」ともいわれ、鹿児島居住の武士も元禄期までは、鹿児島衆中と記されていた。

衆中の語は十五世紀の初頭にすでに見られ、史料解釈上は『藩法集　鹿児島藩』にあるように、「士の通称」としても何ら問題ではない。しかし、衆と衆中は、「鹿児島衆黒田宅右衛門、帖佐衆中瀬戸口弥七」のように、同一文書でも共に用いられる。また、同時期は、地名を冠した衆の記載も多く、この使い分けの根拠は明確でない。しかし、前代、士の通称とされる衆中は、藩体制下では外城衆中、郷士と呼ばれるようになり、鹿児島居住の武士、すなわち諸士と区別されていたことは、次に見るとおりである。

御分国中扶持人の外ニ御目に懸け候者を、一所衆・諸士衆・所寺家・外城の諸地頭・曖衆・衆中など内の者の様ニ致され、其の所の諸役相遁れの儀、以ての外然るべからず候間、向後停止たるべく候

諸士衆と衆中とが異なる格式の者として位置づけられている。このように、諸士と衆中を使い分ける事例は、元和五（一六一九）年の上地令において、

一諸士並びに諸寺社知行、上地を以て蔵入り定め置き（後略）

一借銀返弁大方相済み、世上心安き時分、本の知行返し遣わすべく候間、諸所衆中、当時の知

行三ケ一（後略）
一諸士何篇申し付け候義、相応の儀に於いては、難渋致すべからず（後略）
一諸外城衆中、諸事地頭の下知背くべからず（後略）

とあり、両者の使い分けが慶長期までは確認できる。

ここで問題となるのは、諸士と衆中の分離である。諸士を「小番乃至小姓与等は平士、或は諸士である」とする説もあるが、また、諸士を「もろもろのさむらい」と訓み、武士全体を指すとも解釈できる。事実、忠恒より義弘への書状に「諸侍知行相応ニ仰せ付けらる」と、諸士と同じ訓みである諸侍により、武士全体を指すこともある。

ともかく、諸士・衆中は、共に武士総体を指すこともある言葉遣いであるが、その場合、諸士衆中と書くことは同意語を重ねることになる。また、諸士を城下士中の平士、すなわち小姓与・小番、衆中を郷士であるとし、諸士衆中の言葉で武士全体を示すとすれば、諸士・衆中の分離する時期が慶長期頃までしか遡れないことから、それ以前の表現としては不適切である。これにより、天文八（一五三九）年の史料に、諸士衆中の言葉が用いられているのは、史料の信憑性を損なうものであると言わなければならない。

【違犯之輩】「違犯」の語自体は、中世の基本法令である「御成敗式目」にもあり、ここで用いられることに何ら問題はないように思われる。しかし、「違犯」の語が実際に島津領内で用いられていただろうか。この語が最もよく使われる起請文などにより確認しよう。

次の「起請文・禁止令に用いられる文言一覧」によれば、「違犯」の語は永禄五（一五六二）年以降散見できるのであり、それ以前は用いられていないことが分かる。また、「違犯之輩」は、天正十二（一五八四）年、肥後領への禁止令の中で用いられるのが初見であることから、天文八（一五三九）年に「違犯之輩」が出てくることは文書の信憑性が疑われる余地がある。

【奉行・頭人】 伊地知により近世的詞ではないかと指摘されているのが奉行・頭人である。薩摩藩では各部署の責任者が奉行・頭人であるが、奉行・頭人が現れる時を各部署で検討しよう。

○寺社奉行　初め寺社頭と称したが、元禄五（一六九二）年、寺社奉行と改称された。また、寛文六（一六六六）年、入来院重頼に寺社方支配を命じたのが始まりであるとの説もある。

○町奉行　永禄十一（一五六八）年生まれの三原重種に始まる。三原は、慶長十七（一六一二）年、家老に任ぜられるが、町奉行であったのはそれ以前のことであるとしても、そう遡ることはないであろう。

○勘定奉行　慶長六、七年頃、配当所の役所があり、支配所・勘定所と称し、その責任者を支配奉行・勘定奉行と呼んだ。寛永十七（一六四〇）年以来、役名が見られるとの説もある。

○郡奉行　慶安二（一六四九）年、郡方が設置され、東郷重方が奉行に任ぜられた。

起請文・禁止令に用いられる文言一覧

和暦	文言	出典
大永6年	有相違事	2021
同7年	偽申候者	2076
享禄2年	偽申候者	2161
天文6年	於背候者	2314
同18年	於偽申者	2640
同19年	相違者	2644
同19年	於偽申者	2648
同21年	於為偽者	2666
同21年	於虚言者	2699
同22年	於為偽者	2706
同23年	令犯此条	2716
同23年	於偽者	2717
同23年	有偽者	2721
永禄2年	於違背者	138・139
同5年	令相違者	206

和暦	文言	出典
永禄5年	於偽申者	226
同5年	於違犯者	207・229・232
同5年	於偽者	226・230
同7年	有違犯者	305
同9年	偽あらは	339
同11年	有違犯者	444
元亀4年	有偽者	661
同4年	令違犯者	662・663
同4年	於背此旨者	668
天正2年	於違犯者	756・757・758
同6年	令違反者	988・1030
同8年	有詐者	1186
同11年	於相違者	1321
同11年	有違犯者	1130
同12年	於違犯之輩	1444（禁止令）

出典の番号は、天文23年までは『鹿児島県史料　旧記雑録前編二』・永禄2年以後は『鹿児島県史料　旧記雑録後編一』

右の四例から、最も早く任ぜられる奉行も慶長期までしか遡れないと推察されるのであり、この語を近世特有の詞とすることは妥当と考える。

（2）内容の吟味

【署名】「連署掟」には忠良・貴久の名前が記されている。忠良は、大永六（一五二六）年十一月、島津家十四代忠兼（勝久）が忠良の長子虎寿丸（貴久）を養子とし、本家の家督を継がせたことに伴い、翌七年、三十六歳で剃髪し、愚谷軒日新斎と称した。したがって、天文八（一五三九）年には、日新と署名するのが当然である。事実、同年正月十一日に書いた吉書には、島津相模藤原日新と署名しており、忠良の署名は信憑性に疑問を付ける根拠となる。

署名は史料の真偽判定の重要な手がかりであるが、写されていく過程で誤写されることも考えられよう。しかし、別系統と理解される『旧記雑録』と「玉里文庫」所収の「連署掟」には共に忠良の署名があり、単純な筆写の誤りとはいえず、文書の信憑性に関わるものであることは明らかである。

【山坂歩行】諸士衆中が日常実践すべきことを三ヶ条にわたって指示している。二条では、領地多き衆へ兵書の研究と軍事指揮の調練を、三条では、若き衆中へ身体の鍛錬と相応の武道・武芸の嗜みを、六条では、諸士衆中へ番・狩・普請、その他役務の間の農耕出精を指示する。

この「連署掟」の出される時期は、島津実久・勝久と日新・貴久とが領内統一の主導権をめぐって熾烈な戦いを続けている最中である。

特に天文八年正月は、前年暮れより加世田別府城を攻め、別府城は落としたが、まだ戦いが継続している時である。さらに、三月には、谷山紫原の合戦に実久軍を破り、すぐさま川辺へ取って返し、高城・平山城を下し、六月には市来攻めをするなど転戦に暇がない。武士にとっては命を懸けた緊張が続いているはずである。このような状況に照らし、先の三ヶ条を読むと、違和感を覚えざるをえない。

第一は、「領地多き衆」についてである。どれほどの領地や家臣を抱え持つ者を「領地多き衆」と称しているかは不明であるが、「忠俊伊集院与左衛門聞書」には、貴久軍を次のように記している。


数年、勝久・実久と御弓箭に候（中略）其の時までは御味方に参らる一所衆なともなく、御手の衆ばかりの由に候処、始めて義運参陣仕り候

すなわち、天文八年の市来攻めの頃は、貴久の軍勢には一所衆などの、まさに「領地多き衆」は加わっていないというのである。一反に一人の割合で武用に立つ者を抱える規定からすれば、「御手の衆」が兵書の研究をすることはともかく、指揮に関わる調練をすることはありえないのではなかろうか。

第二は、若き衆中へ身体鍛錬を指示し、さらに所領没収、重き科を加えるとの脅しにより、武道・武芸の修行を勧めていることである。身体を鍛錬し武芸を修めることは、戦国の世では生きながらえる第一の要件であろう。一つの合戦が終わった直後にこのような内容の指示がなされていることは不自然である。後に触れるが、薩摩藩の武士に怠惰の気風が多分にあり、常に罰則で文武を強制することがなされていることに符合するといえよう。

第三は、六条にある役務についてである。役務として番・狩・普請が例示されている。「番」は館の警護、宿直の役であり、家格としての小番・大番はこれに由来する。小番・大番は義久が国分の館を警護させたことに始まるとされている、この名称が出てくる前に実態としての警護役はあったが、合戦の続いている時、その役の合間に農耕の出精を命じるのは不自然ではなかろうか。ましてや軍事の実戦訓練に擬える諸士衆中を動員する「狩」などは以ての外である。

三点にわたり指摘したように、諸士衆中が日常実践すべきものとされる行動の指示は、武士が命を懸けて戦う合戦が継続している時に出される内容ではなく、むしろ、士風が弛緩する傾向のある時に出されるのがふさわしい内容である。

以上、「連署掟」を用語・内容の両面から吟味してきたが、この文書が天文八（一五三九）年に出されたものとするには、あまりにも疑問が多く、信憑性がないと断じざるをえず、徳田邕興による偽作説にも頷けるのである。

2 「格式定目」の検討

まず、「格式定目」の全文を、読み下し文にして、次に示そう。

一第一武道を嗜むべき事

一兼て士の格式油断無く穿儀致すべき事

一万一用事ニ付いて咄外（はなしがい）の人ニ参会致し候ハヽ、用事相済み次第早速罷り帰り、長座致す間敷き事

一咄相中、何色によらず入魂に申し合わせ候儀、肝要たるべき事

一ほうばい中、不作法の過言互いニ申懸けず、専ら古風を守るべき事

一咄相中、誰人ニても他所ニ差し越し候節、其の場に於いて相分かり難き儀到来いたし候節、幾度も相中得と穿儀致し、越度無きよう相働くべき事

一第一虚言抔申さず儀、士道の本意に候条、専ら其の旨を相守るべき事

一忠孝の道大形無きよう相心懸くべく候、然ながら迯（逃）れざる儀到来致し候節ハ、其の場をくれを取らず様相働くべき事、武士の本意たるべき事

一山坂の達者、心懸くべき事
一二才と申すハ、落ち鬢をそり、大りハをとり候事ニてハ無くて、諸事武辺を心掛け、心底忠孝の道にそむかざる事第一の二才と申す者ニて候、此の儀ハ咄外の人たゑて知らざる事ニて候事
右条々、堅固に相守るべし、もし此の旨に相背き候ハヽ、二才といふべからず、軍神摩利支天・南無八幡大菩薩、武運の冥加尽き果てるべき儀疑いなき者也
慶長元年正月　日　　二才頭

この「格式定目」は大口地頭であった新納忠元が制定したと広く信じられていた。しかし、『鹿児島市史』では、咄相中の成立について、「これは忠元に附き合いされた伝承にすぎないであろうが、郷中組織の基礎はほぼこの頃できたと考えてよい」とし、咄相中の成立をこの頃としながらも、「格式定目」の制定者を新納忠元とすることは「伝承にすぎない」と否定した。言うまでもなく「格式定目」の制定年を慶長元（一五九六）年正月とするのは、「格式定目」にそのように記されていることが唯一の根拠になっている。

しかし、史料批判の対象となっている史料に書かれていることを、他に傍証がないままに信頼するのが間違いであることは、先に見たとおりである。

そもそも、文禄五年が慶長と改元するのは十月であるから、慶長元年正月という年月は原史料としてはありえない。この点に注目した北川鐵三氏は、改元の月日が十月二十七日であることを指摘し、「格式定目」の原本であることは否定しながらも、「格式定目」そのものについては、「後補であるか流布本であるかと推定される」とし、文禄五（慶長元）年制定説を支持した。

しかし、この史料を利用する誰もが触れないことであるが、先出の本文の後に、次の書き込みがあるのである。

右格式定目百九十年余相伝へ、其の儘ニて伝え来たり候処、文字等痛みニ付き、各申し談じ、
寛政元年、表具致す者也　　平相中

「百九十年余」と曖昧にはされているが、この文書が写しではなく、慶長元年より連綿として伝えられた由緒あるものであることを強調していることは明らかである。であるとすれば、なおのこと、この年号は問題であり、由緒を強調すればするだけ史料の信憑性は薄らぐことになる。

「格式定目」制定年は、ここに記されている以外、検証の手立てがないので、内容により制定年の妥当性を推察せざるをえない。それは新納忠元制定者説にも関わることなので、共に検討することにする。

『鹿児島市史』が忠元制定者説に否定的であったことは、先のとおりである。その後、北川氏は、文禄五年正月には忠元が在京中であった事実を示し、「格式定目」が忠元の手筆であることは疑問であるとし、「（領内の青少年教育之改革を真剣に考えた）義久・義弘兄弟のかかる考えが原動力となって、在国の老臣宿将を動かし、遂に文禄五年正月『二才咄格式定目』という形に結実したと解釈することが、歴史的には真相に近いと判断される」と、義久・義弘の意向を受けた在国老臣などの制定であるとした。

北川氏のこの推定に直接影響を与えた史料については、氏は何も触れていないが、文化九（一八一二）年、白尾国柱の手になる『倭文麻環』（以下、「麻環」と略記）巻之四に所収される「風俗一新総是君恩」であろう。

「麻環」の要点は、次のとおりである。

①慶長年、再び征韓した時、本田正親・新納忠元など七人を留主官とした。

②征韓は十年近い長陣であったため、妻は孤閨に苦しみ、娘は婚期を逸し、また、初め未成年であった男も成人することになり、風紀が乱れた。

③老臣などはそれを正すため、自らの衆中・家来の髪型・衣服などにつき質朴の風をさせ、律儀を勧め、酒色などを戒め、下知に背く者は、罰を三族に及ぼすことを命じ、察事卒（横目など検察の役）を昼夜巡回させたため、法を犯す者はいなくなった。

風紀紊乱の状況

兵子への変身

鹿児島県立図書館所蔵『倭文麻環』より

④これを見聞した各郷の者は、競い合って風俗の立ち直りに努め、たちまちにして風俗は立ち直った。

⑤若者達は山坂達者・水練を心がけ、怠惰を戒め合い、また、権門勢家に媚び、女色を評し、衣食を吟味する者とは交わりを絶った。

⑥このような侠客年少の者を兵子と呼び、後には本意を忘れ、容気狂簡《うわきすねもの》の弊を引き出し、無礼をすることを強者と心得違いし、闘狼怒争《けんかいさかい》を勇猛とみる悪弊が生じた。

右のことは「格式定目」の制定年や制定者を直接示すものではない。新納忠元を含む老臣共が自らの支配地で乱れた風俗を立て直すことに努力した結果、全領の風俗が立て直され、後にはそれが昂じて悪弊が生じたことを伝えているにすぎない。

しかし、この記述は、次に示す、慶長二（一五九七）年、島津義弘より出された掟（以下「義弘掟」と略記）と密接な関係があることが分かり、「格式定目」の制定年に重要な示唆を与える。

掟（全二十ヶ条の内抜粋）

一諸事上井甚五郎・長寿として申し付ける儀、昼夜共に異儀なく相勤めるべき事

一昼夜共小路に於いて高雑談・高笑い・其の外猥りの振る舞いにて、在高麗・在京人の留守居の者の門にたたずみありき候儀、又はさと宿停止たるべし、付けたり、よこ目の者共申し

付け置き候事

一惣別在国の者共、貴賤都鄙猥りの儀在るに於いては、たれ〳〵たりといふ共、見立て聞き立て、有様申し上げるに於いては褒美をなすべき事

一女方の嗜み肝要たるべき事、就中人の妻をぬすみ、慮外の振る舞い仕る者在るに於いては、見立て聞き立て実否を糺し、上井甚五郎・長寿として討罰せしむべき事

一参座酒を過ごすまじき事、付けたり、酒狂仕る者あらは、過物を懸くべき事

一人の留守居にもし用所あらば、然々の使いを以て申すべし、取り分け若輩として、自身出入りせしむる儀、一切停止たるべし

慶長二年弐月廿一日　　義弘在判

右によれば、義弘の支配地では上井甚五郎・阿多長寿院に留守の仕置きを任せている。また、各郷の仕置きは地頭に任せているから、「麻環」の記述に符合する。

さらに、風俗の乱れ、特に朝鮮へ渡っている武士の留守宅に関わる男女の猥りの振る舞いが問題視され、その疑いを招くような若輩の留守宅への出入りは、用事があったとしても禁止している。猥りの振る舞いについては、高雑談や高笑いをしてはいけない、人の妻を盗んではいけないなどと、実に細々と具体的事例を挙げて示すことに特色がある。悪化した風俗を立て直すため、横目を利用

し、褒美付きの密告を奨励し、違反者は厳罰に処するとしている。「麻環」でも、察事卒を巡回させ、下知に背く者は罰を三族に及ぼすとしており、「義弘掟」と同じ厳罰主義の内容である。

以上のことから、「麻環」と「義弘掟」は共通する内容を持っており、「麻環」は「義弘掟」を基にして脚色されたものではないかと推測される。

すなわち、慶長二（一五九七）年に出される「義弘掟」により、領内の風俗は立て直されていったことは明らかである。これを前提とすれば、「格式定目」の制定を慶長元年とすることには、次の疑点が生ずる。

第一は、「格式定目」と「義弘掟」との間にある文章の格調と内容の大きな差である。

後者では、禁止すべき内容を誰にも間違うことがないように具体的に挙げているのに対し、前者では、禁止事項や武士としての行動基準は、「士の格式」または「武士道の本意」に収斂され、抽象的である。具体的内容に関わる箇条は、山坂達者を除くと、咄相中としての行動心得に限定される。全領内での風俗立て直しが焦眉の急であった時、任意の加入であり、しかも士道鍛錬を目的とした咄相中を作り、風俗の立て直しを図る悠長な対応が許されたか、疑問である。

第二は、時系列に見る両者の不整合である。

慶長元年に武士道追求を基本とする修養団体の咄相中が作られ、その翌年に風俗の乱れを糺す「義弘掟」が出された。北川氏は、「義弘掟」の風紀に関する箇条を取り上げ、義弘が領内の一般的治安の維持を重視していたことを指摘した上で、治安の維持の根本的解決策は教育の力に待つ外はなく、文禄五（一五九六）年の「格式定目」制定はそのためであった、とされる。しかし、氏は慶長二年に出された「義弘掟」に見られる風俗の乱れを、単に当時の一般的治安の悪さを示すものと理解し、そのような治安の悪さ、風俗の乱れを糺すため慶長元年に「格式定目」を制定し風俗を立て直した、と言う流れになるのであり、時系列が逆転する。

慶長元年に組織された咄相中の効果が現れるには、時間が必要であったとも言えるが、武士道の本意に基づく「格式定目」を押し立てた自主的行為による風俗の立て直しは、治世の鏡として、必ずそれを顕彰する役割を持つ「麻環」には、片鱗を見せるはずである。

しかし、「麻環」では、各郷競い合って士風を糺したとの記述はともかく、為政者にとっては名誉にもならない厳罰主義の施策により風俗立て直しがなされたことを記している。

以上のことから、「慶長元年に『格式定目』を制定し風俗の立て直しを図ったが、咄相中にも加わらない者もおり、また、教育的矯正策は即効的でないこともあって、翌年『義弘掟』によりその実現を図った」と考えるよりも、「慶長元年には『格式定目』を持つような修養団体、咄相中はなかった」と考えるのが妥当だろう。

今まで述べてきたことにより、郷中教育研究の根本史料と知られている二つの重要史料は、共に記されている年号の時期にふさわしくない内容であるとの結論に達した。

したがって、郷中教育の成立期と教育内容を考察する場合、両史料から離れ、考察することが必要になる。

三　咄相中から郷中へ

１　元禄期の咄相中

郷中の前身となる集団が咄相中である。咄相中は、「青少年の同志者が相集まって談話をなし、互いに志操を錬磨し志気を鼓舞し、倫常の躬行を砥礪し合う仲間」である。

松本彦三郎『郷中教育の研究』によると、咄相中は次のような組織・性格の集団を経て郷中へ移っていったとされる。

Ⅰ他律的受動的に成立する集団　諸士の子弟が不定期的に会し有益な修養談などを聞く集団。統制のための規律はなく、日常生活は各自に任される（日新期）。

Ⅱ自治自律の出てくる集団　特定のリーダーの様相・行動を信奉する者達により成立する集団。成員は定まり、成員の自発性により集団は維持される（義弘期）。

Ⅲ掟により統制される集団　集団の自律性が高まり、掟が作られ、成員の生活・行動は規律的に制約される集団。集団は同志の結合であり、地域性はなく、加入への出入りは自由である（元禄・綱貴期）。

Ⅳ地域の制約を受ける集団　方限により二才の交友範囲が制限された集団。二才の不作法・風俗悪化が外部の力で取り締まられる（宝永以降・吉貴期）。

Ⅴ稚児・二才全員加入の集団　稚児も郷中の成員となり、方限と掟により規制される集団。これにおいて郷中が成立する（宝暦以降・重豪期）。

咄相中から郷中への大方の流れについては、このとおりであろう。しかし、郷中教育を理解するには、集団の実態を明らかにし、集団はどのような行動をしていたかを知ることが重要である。

咄相中の実態を示す信頼すべき史料は、これも誰もが利用する、元禄五（一六九二）年の「二才噺覚」（「横山長右衛門日記書抜」『薩摩旧伝集』所収。以下、「日記」と略記）である。現在目にすることのできる「日記」は、幾度か筆写された抄録であるが、元禄期の若者集団の実態を、成員の立場で記した唯一のものであり、貴重である。

「日記」は、平組における横山の二才付き合いについて、具体的に教えてくれる。内容を略記すると、次のとおりである。

ⅰ年齢に応じた集団の呼び方として、大児・午頭・二才がある。大児は前髪の者、午頭は角前髪の者、二才は元服した者である。

ⅱ二才付き合いに出るには十二、三歳の頃より兵子をたて、「女のましはり・浄瑠璃・小歌・三味線・たはこ飲事」を絶ち、午頭になると、さらにそれを厳しく守った。午頭成り、二才成りには規定の年齢があったが、願い出により規定より早くするのが一般的であり、願い出の遅速は背の高さがものを言った。

ⅲ服装は、午頭・二才は脛半分の着物で、極寒でも綿入れ一つに羽織であった。

ⅳ「二才噺」としては、野山を駆けまわる身体鍛錬を主とし、間々には手習い・学文（学問）・弓・兵法を稽古した。

ⅴ近年は二才付き合いを早く断る者が多く、兵子二才は少なく、よしや二才が多くなった。すなわち、一定年齢に相応した髪型の集団はあるが、後に見るような小稚児・長稚児・二才の明確な序列はなく、午頭と二才が同じ服装で、同じ行動をしていた。また、「大児午頭衆も一列」ともあり、仲間としては同列であったようである。

二才噺、二才付き合いと言われる「咄相中」の行動は、身体鍛錬はともかく、規則に則った精神修養、学文の修行とはほど遠いものであったことを次は示している。

①男伊達武士道を第一にいたし（中略）山坂をかけ廻り、水練・遠道行・走りくらへ、日夜の辻立・徘徊・手荒き遊事にて喧嘩・口論怪我等あり候

②妻を持ち候人へ水懸け申して川原へ列れ待ち、三、四十人にて水につき入れ候へども、近年仰せ渡され候に付き、小人数にて、まれ〳〵宅にて水かけ申し候

③正月より十二月二十九日迄、一日も夜白なく、二才咄と名付け、野山を懸（駈）け行き申し候、間々には手習い・学文・弓・兵法仕り候事

「女のましはり・浄瑠璃・小歌・三味線・たはこ飲む事」を絶つという禁欲的生活の面はあるが、それによって武士道という名に恥じない精神の向上、侍として本来持つべき心得を追求する方へ進むのではなく、男伊達という異形・異装で身を飾ることを競い、喧嘩などの腕立てを武士道と心得違いする方へ進んでいたことを①は示している。

②は、嫁取りに関する風俗慣行であるが、集団による手加減のなさは、二才共の無作法・無軌道の行為と見られていたのであり、時には訴えにより重罰を課すこともあったほどであった。そのため、「夜行・辻立・金輪なけ」などのように徒党を組み、多人数集まることや、「糸鬢・大りは・白頭巾」などの異様な支度などと同様に、禁止された。

このような行動が、③にあるように、一年中ほとんど休みなく続くのである。身体鍛錬の面は評

価されるにしても、学文などは著しく軽視された修養活動であった。

また、ｖに見るように、元禄期にはすでに二才付き合いを断る者が多く、兵子二才は少なくなり、よしや二才が多くなってきており、咄相中の衰退を示している。

この「日記」が示す諸事実を、どのように理解すればよいであろうか。

元禄期以前には、より優れた「咄相中」があり、「格式定目」にあるような修養活動が展開されていたが、元禄期になると衰退した、と理解すべきであろうか。または、「咄相中」は元来、精神修養活動のためのものではなく、元禄期の状況は「咄相中」の成立以来の状況を単に示しているにすぎない、と理解すべきであろうか。これを明らかにするためには、元禄期以前の二才の実態を見る必要があろう。

2　元禄期以前の二才の実態

まず、史料を挙げよう。

一和田秀存坊と申す山伏は蒲生に召し置かれ、その頃若手のなか有名の人にて候、木脇休作と武勇を争い申さす由に候、若手の中にて秀存坊組・休作組と風俗両輪に有りたるの由に候、秀存坊は月代入念、身成り見事に仕らす人にて候、惟新様より余り飾りたる身成り見苦しく候と節々御意遊ばされ、出仕抔仕り候ても、脇を御覧遊ばさる様に有りたるの由、慶長五年入峯の時、関ヶ原乱承るに付き走り参り候、惟新様御機嫌能く御鑓拝領仰せ付られ候、秀存坊申す、平生見苦しき者とて御意に入らず、様々申し候得共、斯くの如く御鑓迄拝領仕り候、何れも御覧候え、兎角この節の御合戦、戦死致し御奉公仕るべくとて、戦死の由に候

秀存坊組のリーダー秀存坊は、義弘の寵臣和田圓学坊の子で、関ヶ原で戦死した時は二十四歳であった。休作組のリーダー木脇久作は、高麗陣に義弘に従い出陣し、負傷して海に落ちたのを義弘の下知で救助され、しかも義弘の膝の上で介抱された。この厚恩に報いるため殉死を約束し、元和五（一六一九）年七月、義弘死後、十二人の殉死者を介錯した後、自刃した。

秀存坊は、慶長五（一六〇〇）年、関ヶ原で戦死するから、右はそれ以前の二才の様子を示し、郷中の成立過程では、Ⅱの段階に該当する。

秀存坊は「月代入念」かつ「身成り見事」であり、平生は義弘より「余り飾りたる身成り見苦」しいと、気に入られていないが、合戦に際しては、鑓を与えられるほど頼りにされていた。

また、国分の是枝次吉は同輩への慮外の行動が甚だしいため、誅伐の願いが出されたが、義弘は、

申し出の事実は認めながらも、「彼の者は敵中へ責め入る事何とも思わず、一虎口ほかす者」であるとして、堪忍を求めている。

このように、平時には無礼・無作法であっても、合戦の時、死をも恐れない「ぼっけもん」も義弘は評価した。これは、義弘の主従観に根ざしていた。

朝鮮出兵の時、寒さを防ぐため長囲炉裏を作り、主従の別なく火に当たって暖を取った。

このことを聞いた加藤清正は、平生は主従打ち交じり、主従の分かちがないが、いざという時のみ主従の礼儀がきっと立つところに、薩摩が強い理由があるとした。

また、人の身形は国の風儀であり、それを維持せず、軽薄な他国の真似をすれば、国は弱くなると考え、上洛する者からは国風を守るとの誓詞をとったのも、国風によって強兵が維持される、と義弘が考えていたからであろう。和田秀存坊や是枝次吉の無礼な態度に義弘が寛容であったのも当然であった。

武勇に優れた者の異形・異装による自己主張と荒々しい行動が「男伊達」と意識され、それに引きつけられる二才によって「秀存坊組」ができたのである。ここに、薩摩独特の「国風」と言われる風俗ができあがった。

義弘生存期の二才の行動はどのようであったろうか、さらに見よう。

①義弘が加治木在城の時、毎夜、二才共は多人数で浜に出て貝を吹き鳴らし、また大勢連れ立ち

徘徊などしていた。これを聞いた義弘は、二才共へ四書を一冊ずつ与え、桜島・谷山などの近くの外城での寺領（謹慎）を命じ、四書を覚えた頃呼び戻して読ませると、一字も間違うことなく読めた。

この逸話は、義弘の教育の妙を褒めるため伝えられたものである。慶長二（一五九七）年、義弘の出した風紀矯正の掟により、二才共（咄相中）は士風振作に努めたと言われ、その緊張がまだ続いていると思われる時期に、しかも、義弘のお膝元の咄相中の行動が夜行そのものであったのである。すなわち、咄相中は士の格式を詮議するというようなものではなかった。

②江田五郎太夫は二才の時、人の妻を盗み取り、我が家の納戸に隠した。義弘は江田の性癖を気遣い、身持ちを嗜む事、文武を心掛ける事などの自筆注意書を与えていたにもかかわらず、不行跡を犯し、しかも、主君直筆の注意書を破り、焼いた。義弘はこのことを聞き、刀を拝領させるとの理由で登城を命じた。江田は登城はしたが、手打ちになると思い込み、逆上し、大声を張り上げ逃げ出し、傍輩宅に隠れた。これにより、真幸白鳥へ三年の寺領が命ぜられ、許された後は物頭を務め、後、鹿児島士となった。

義弘の掟にもある、人の妻を盗み取るという風紀の乱れが残っており、義弘の注意に対しても反省することはなく、不行跡発覚後も、武士として身を処する覚悟もなかった。しかも軽い処罰のみで、不行跡は就役の障りにはなっていない。後には、通常、各郷の武士が召し移されることを望んでも叶えられない、鹿児島士となった。

江田の行動からは、どこから見ても、二才共が自発的に士風振作に努めた痕跡はない。これは咄相中が士風振作を目指すものではなかったことを意味するであろう。

③河川の石垣普請に二才共が多くかり出されるので、悪口を言い、石を持つ者もいなくなった。義弘は横目・目付を派遣し、義弘も直に下知し、見廻った。二才頭の和田仁左衛門は、義弘の見廻りを見て、「萩原の出口に禅門が亀突を持たせ下知に来たり候、彼の禅門はいなハろ（とんでもない奴《やつ》）よ、むかし、我が朝はさておき、唐国中迄引き率（連）れ、多くの人を使い殺し、その子孫ニ候者共を片田舎ニ引きつけ置き、御感状也と紙切れ迄をにぎらせ、今又春日川原に追い込まれ、高倉山の真石ハ持てぬ、彼の禅門が下知とても持つな〳〵」と言った。このことを目付から聞いた義弘は、熟考し、三年目に和田の過言を咎め処罰した。

この逸話も義弘が処罰に慎重であったことを伝えるためのものである。しかし、ここでは、主君の義弘を「わろ」と呼ぶ二才頭和田に率いられた二才集団（咄相中）があり、和田の言動に同意する二才がいたという事実に注目したい。彼らには、主君への忠義と無私の奉公の観念が欠如していることは明らかであり、これは、咄相中の性格に根ざすものであった。

右に見てきた加治木郷における三例の逸話により、慶長・元和期に二才頭に率いられた二才集団があったが、そこでの活動は、武士としての覚悟をかねてより修養するという性格のものではなかったことが分かった。したがって、この集団で成長する二才は、言われている忠孝・廉恥の士からは遠く隔たっていたと考えられる。

このような二才の実態は、加治木郷のみの特殊現象ではなく、藩全体に共通するものであった。慶長四（一五九九）年、義弘は子の家久へ「かごしまみだりなる振る舞い仕る者在るに於いては、辻切りを出され候てはいかゞ有るべきかの事」と、猥りの行動をする者へは死の罰を与えることを提言している。猥りなる行動とは、「夜行等みたり成行儀」とあることから、夜行を含む二才などの悪行であった。死という極刑で取り締まらなければならないと思い詰めるほど、鹿児島城下の二才の行動は乱れていた。

時期は少し下るが、光久治世下の二才の行動については、次のようにある。

①吉野馬追に際し、二才共は晴天に簑を着し、あるいは裸の異装で様々の邪魔をし、あまり法度なき仕方であると処罰されることになった。

②町田勘解由宅前の大地蔵を二才共が引き倒そうとしたが、倒れないために、制止を無視して町田家の長屋二、三間を引き倒した。

③御城前にある光久秘蔵の松の老木を若き輩がすべて切り倒した。

④吉野の狩より帰殿の途中、二才共は獲物を奪い取った。

⑤余り暴れる科として川浚いをさせている二才共へ、上意で饅頭を持っていかせると、それを見つけた二才共は、一度に取りかかって食い尽くした。

右は藩主に関係する逸話であるからこそ残されているのであるが、これによって、二才が、いかに法度に背き、無作法・暴行を常日頃行っていたかが推察されるのであり、このような行動の広がりが知られる。

右の二才共の行動を、光久は「国風」として容認する面があったことも注意しなければならないが、藩としては、戒令を発し、士風の矯正を命じる方向へ進んでいった。

延宝五（一六七七）年には、二才共が戒令を守らず、いよいよ無作法の行動が激しくなったとして、若き者の喧嘩、大勢による他人宅への押し込み、屋敷近辺での無作法な体たらくを禁じ、取り締まりのための横目を任命し、違反者の処罰のみならず、親族への連座を達している。

しかし、その五年後の天和二年の若者の様子は、「当所若キ者共頃日いよいよ風体悪しく、或は月代の致しよふ、額の取り様至って見苦しく、或は白頭巾ニ文字を書き散らし、又は異様の頭巾など大勢一様に被きつれ、或は衣類の着しよふ、刀之差し振り、惣じて作法悪しく、或は路次屋敷をも嫌わず竹鉄砲を打ち込み、無用の処ニて高声を挙げ、何の所作あるとも見えず、徒ニ夜白行き廻り」と、何ら変わっていない。

以上、元禄以前の二才の実態を示す史資料からは、「日記」にある「大勢寄り集まり男伊達……日夜の辻立・徘徊・手荒き遊び事にて喧嘩口論怪我等有り」という状態は、元禄期に特徴的に出てくるのではなく、二才集団の成立以来一貫して続いていたと推察されるのである。

義弘は強兵維持の立場から「国風」の二才を擁護し、光久も二才の夜話に出席することもあったとのことであるから、二才の無法・乱暴には寛容の面もあったことが、徹底した規制がなされなかった理由であろう。しかし、島原一揆鎮圧後、軍事出動がなくなり、平和な時代になってくると、薩摩の「国風」は特異なものとしてみられるようになり、それからの脱皮が必要になった。

3 与の再編と方限

城下の与は、寛永十九（一六四二）年に十与編成として成立した。この外に御家老与・寺社与・諸役座与を合わせ全体で二十六与であったが、正保三（一六四六）年、小番以下で編成する六与に御家老与を加えた七与体制となった。

宝永二（一七〇五）年には、地域入り交じりの者により編成されていた与を改め、同一地域の居住者による編成とし、城の南側（下方限）に一～四番与、北側（上方限）に五、六番与を配置した。与の地域は不変ではなく、若干の地域は与替えされることもあった。

ともかく、地域ごとの与編成となったことにより、他と区切られた空間、すなわち、方限が作られ、郷中成立の条件が整った。

各与は、一、六番は十一小与、他の与は十小与編成であるから、小与数は全体で六十二である。弘化元(一八四四)年、高見馬場へ転居した児玉五兵衛は「二番与小与七番方限　御小姓与」と肩書きしており、小与が方限の単位であることが分かる。「方限を単位として作られた団体(組織)が郷中」との定説に従えば、六十二の郷中がなければならないが、『鹿児島県史』が挙げている郷中名は、上方限の岩崎・滑川・城ヶ谷・冷水・町口・家鴨馬場・清水馬場・後迫・実方・横馬場・鞋韃冬・内之丸・千地蔵・上ヤンケ谷・野口、下方限の上平・下平・新照院・草牟田・高見馬場・上加治屋町・下加治屋町・馬乗馬場・樋之口・旧新屋敷・新々屋敷・正建寺・八幡荒田・上荒田・昌慶寺荒田・ケンサ・高麗町・上之園・西田・常磐・中村、の三十六である。また、『鹿児島のおいたち』は、三十三の郷中名を挙げ、その内には、『鹿児島県史』が挙げていない中之町・紙屋谷・上之原・福昌寺・塩屋・中村の六郷中名がある。したがって、今まで知られている郷中名は四十二である。

郷中数については、複数の方限で一郷中を作り、または一方限中に複数の郷中があったとの説もある。小与の構成人数は、『通昭録　鑒察使答問抄　下』によれば、三十人台から百五十人超までバラバラである。このばらつきの大きさからすれば、必ずしも一方限に一郷中ではなかったのかも知れない。地域の対抗意識の強い土地柄であるだけに、本来作るべき郷中がなかったとは到底考えられないが、今は、この数のズレは疑問のまま残しておく。

4 「国風」の変化

四代藩主吉貴の治世期は、義弘期から明確に出てくる国風遵守方針からの転換期である。それを象徴する事例が旧功者の子孫の不救済と家格の固定化である。

前者は、光久代までは武功者の子孫は召し仕われ、もし零落した場合にも、求めに応じ救済していたが、吉貴治世となると、家老島津帯刀が、五百年余も続く島津家には多くの忠功の子孫がおり、それを一々救済していたら藩財政に支障が出てくる、との理由をつけ救済しないことになった。

後者は、「家格の固定化・新設」に見るように、主として宝永~享保の間に家臣としての家格が定められ、ここに家格に序列づけられた、他藩同様の近世的家臣団が成立した。

すなわち、吉貴は諸制度を整え、他藩同様、幕藩体制下の藩に脱皮することを意図したが、それと同時に、武士が四民の長として武士らしくあること、「士の格式」を外さないことを強く求めた。

武士が無刀で外出することを科とすることは勿論、「士道不覚悟」と見られることには厳罰に処した。次の逸話がある。

江戸で武士共が四、五人連れだって茶屋で酒を飲んでいた時、一人が嘲りを受けた。その場は堪

家格の固定化・新設

家格	内容
御一門	元文三年　一所持の身分を離れ、家格成立。
家名方	正徳元年　大身分四家を一所持から離し、屹とした家格。
	元文三年　四家に固定。
一所持・一所持格	正徳三年　家格として定まる。
寄合・寄合並	正徳二年　家格としての寄合・寄合並決定。
小番	宝永三年　小番入り出願規定出される。
	享保三年　寄合・寄合並の二男・三男の家格決定。
新番	正徳三年　家格新設。
大番	寛保二年　鹿児島士は城下士と呼称変更。
	安永九年　外城士は郷士と呼称変更。
小十人	天明七年　小姓与の分家として新設。

忍したが、帰宅後残念に思い、子細を書き残して自害した。そのことを聞いた吉貴は、それほどの恥辱を受けたならば、その場で覚悟を決めるのが士であるのに、帰宅したのは未練の至りであると

し、いわば加害者である嘲笑した者達は切腹には及ばない、と沙汰した。

吉貴の掟には、喧嘩口論を禁止し、「万一不意の儀に付き争論に及び候え共、随分堪忍致し短慮の働き無き様覚悟致し、道理在るにおいては披露を遂ぐべし、理不尽にことを破るにおいては、沙汰の上成敗を加え、所帯を没収すべし、勿論、双方荷担の人は、理非を論ぜず本人同罪たるべき事」と、逸話とは正反対に、短慮の行動を戒め、両成敗を定めている。逸話では、掟よりも「士道不覚悟」および「未練の行為」を重視したことになる。

「士道不覚悟」と「武士の体面を損なう行為」を瞬時に見極め、武士としての誇りを持ち、行動できるようになるには、稚児・二才時からの教育が重要であるが、吉貴の目にはそれがなされているようには見えなかった。

一昨日南泉院辺りニて、士の子共と相見え、前髪角入有り候もの共、刀を後ろニ指し候者有り候、刀を後ろニ指し候ては急ニ抜き候儀成り難きはずに候えは不心掛けニ候、且つ亦大りはヲ取り、衣装を短ク着候て徘徊致し候、此の節初めて右躰の無行跡御覧成られ、見せ物などの様有り候、右行跡の儀ニ付きては、前々より段々仰せ出される趣有り候え共、今以て右のとおり無行跡有り、宜しからず候、畢竟は与頭大形なる故今ニ相直らず候と思し召され候、右ニ付いては、角入前髪有る者十三才より上の者惣様相集め、御家老見分いたし、行跡宜しからざるものハ、御意無き内は前髪取り、角入れ候事差し免すまじく候、尤も行跡宜しきものハ見分致し、御意のとおり差し免すべく候

一与頭より東郷藤兵衛へ申し聞かすべく候、藤兵衛は武芸の師を仕り候えは、稽古ニ参り候者の内、若年の者共も有るべく候、後ろニ刀ヲ差し候ては、抜き候事も相成らず、せハき道ヲ歩き行き候事も相成らず筈に候、刀指し様も存ぜず様ニ有り候ては、士の心掛け大形ニ相見え候、ケ様のことを気付き申さず候段、指南のいたし候様宜しからずと申し聞くべき候、藤兵衛外ニも武芸指南いたし候ものハ、刀の指し様、行跡等の儀迄も若年者へは申し聞かすべく候間、組頭より是亦申し聞かすべく候

元服直前の角入前髪の稚児でも、髪の結いよう・服装・行跡・刀の差し方など、すべてが武士子弟としては相応しくなく見せ物のような有様であるとし、直接監督する立場にある与頭、武芸稽古を通じ武士としての覚悟を教授する武芸師範などに格段の指導を促し、さらには、稚児から二才への通過儀礼としてある角入れ、前髪取りを家老の見分を経た上で許可することにし、行跡の悪い者は、規定の年齢に達した者でも、御意のない内は許可しない、とした。なお、このような若者の行跡の悪いのは、与頭の怠慢であるとした。この指摘を受け、刀の差しようも知らないのは「士の心掛け大形ニ相見え候」として、今までの東郷藤兵衛の指南の仕方を批判し、他の武芸師範も稽古の

時、刀の差し方、行跡までも若者共へ申し聞かせるよう、与頭より申し渡した。

稚児などへは、まず身形など形を整えさせ、さらに法令遵守を熟知させることになる。前の浜の浮き鳥には手を出してはいけない、との申し渡しに違反し、浮き鳥に石礫を打ち当てた十二、三歳ごろの子供に、手鎖の上、十日間の外方徘徊を命じ、子供のことだから軽い処罰ですむだろう、と思っていた人々も罰の重さにおどろいた。たとえ子供であっても法令に背いた場合には必罰の方針をとったのである。

これにより、武士としての身分、格式の重さを自覚させ、武士らしく行動することを、稚児を含めたすべての武士身分の者に求めた。

吉貴襲封の翌年、宝永二（一七〇五）年に九ヶ条からなる治世の基本方針を示すが、四、六条には、次のようにある。

(四条) 平日学文武芸を相嗜み、親子兄弟其の外類中にむつまじく、傍輩中の交わり表裏なく、万端風俗を乱さず、正直に相勤べし、武具・馬具の儀、其の用にもとづき、分限相応に調い置くべし、見分け迄を存じ、異様の道具、又は分限に応ぜざる結構の道具調え間敷く候、麁相に有り候ても、事欠かず儀をもっぱら相考え、其の用意致し置くべき事

(六条) 若キ者共、髪・月代惣じて為体を見苦しく致し、何国にも士の風俗にあらざる無作法

の所行共有るに付き、前代より稠敷く（厳しく）仰せ付け候へども、今に其の風儀相改まらず由不届きに候、武芸の鍛錬ニ付、勇ましき業はあるべき事に候、容体の儀は眼前の事に候故、気を付くべきの処、愛念の一通にまどひ、若輩の者共を気儘に生い立たせ候儀、親兄弟不届きに候条、此以後は親兄弟其の外親類共より稠敷く申し付くべく候、畢竟其の上不届き者あらば、其の謂いに応じ科申し付くべし、勿論、常々申し付け様大形成る者ハ、親兄弟親類共へ其の咎申し付くべき事

四条では、文武の嗜み、親族などとの睦み、傍輩との表裏なき交わり、節倹など武士としての心得を諭し、六条では、前代に出された戒令にもかかわらず、依然として若者の風儀などが改まらないことを指摘し、これは親が気儘に成長させた結果であるので、以後は親兄弟一族の責任において教諭することを命じ、疎かにする者の処罰を達した。

風儀・容体を正すことが、学文に通ぜず喧嘩・夜行など、非難される行為をこととしている二才共を、四条に示された心得を持つ武士へ育てる第一歩であるとし、この教育は一義的には家庭の責任であるとした。

この二才教育の方針を永続的、かつ徹底させるため、翌三年に布達する「毎朔之御条書」（以下、「御条書」と略記）にも取り入れた。次のようにある。

親子兄弟の睦み、朋友の交わり、礼法を正し、風俗を紛らわすべからず、とりわけ若者共学文・武芸俄の修練成り難き事に候間、別して心かけ嗜むべし、其の身正しく、行跡能き者、奉公の品能く召し仕い、連々我まゝに生い立ち、士に似合わざる月代、衣類等異様の体たらくニて大勢列れ立ち、或は路次・門頭に寄り屯し、非法の狼藉等を働き、仕置きの妨げになる儀、甚だ以て然るべからず、稠敷く制禁せしめるの事

「御条書」では、前年に強調された家庭の責任には直接触れず、二才の行跡のよい者は就役させ、咄相中で常に行っているような風俗・行為による非法の狼藉を、仕置きの妨げになるとして厳罰に処する、というように、二才の指導に飴と鞭の方法が取り入れられた。

毎月朔日に法令を読み聞かせる慣習は、家老伊勢貞昌が二代藩主光久へ提言して始まった。当初は公儀法度を失念しないためであったが、吉貴の治世観に基づく、武士として守るべき基本的内容が盛り込まれた「御条書」ができた後は、代替わりがあっても拝聞が慣例となるが、後には儀式化し、徳田邕興などからは非難されることになる。

しかし、これでもまだ十分な成果はなかった。同七年令を見ると、「士の子共行跡宜しからず候に付き、度々仰せ出さる趣有り候え共、今において風俗相直らず候」と、率直に効果が十分でない

と認めた上で、今までの方針を整理し、次のように達した。
まず、薩摩藩の武士の性格を次のように指摘する。

御当国の儀は御譜代の士共ニて候故、殿様を大切ニ存じ奉り、御奉公ニ付いては、老若其の身命を差し捨て候志は有るべく候、然れば、平生の行跡宜しからずに付いて、傍輩中少々憤り有り候えは、塀垣を崩シ、礫ヲ打ち込み、或は辻々ニ集り居り、往還の障りニ罷り成り、或ハ往来の者共ニ悪口を申し掛け、謂われざる口論に及び、自身の非分は顧みず、打ち致し、亦は討ち捨て候儀共多々有り

指摘されてきた悪行は、二才に限らず薩摩藩武士に普遍的であるとし、これが諸方へ影響を与えているとする。特に、二才に対しては、「若キ者共の交わり慇懃なく有り、纔かの事ニも傍輩中或は口論に及び、或は相果シ」ということになり、また「塀垣を崩し、礫を打ち込み候儀、士の家来其の外寺門前・町人の子供、士の真似」をすると、武士以外の者へも影響するというのである。したがって、これを改めるため「学文武芸を相嗜み、若輩の者共ニは親兄弟年長候者共より時々申し聞かせ、風俗相直り候」ことが必要で有り、このことが「当時の奉公」であるとし、具体的には、次の点を強調した。

一若キ者共は山坂の達者ヲ心懸け候儀、尤（最）も宜しかるべき事に候、右式の業は、一身の嗜みニ罷り成り、人の障りニ罷り成らず筈に候、然れ共武芸を習い、山坂の達者を仕り候えは、平生の様体も見苦しく仕り、諸事人の障りニ罷り成り候を手柄の様に存候儀、別して心得違いニ候、御奉公ニ付いては、何れも身命を軽々しくいたす心底に候えは、御為ニ宜しからず儀と実々落着仕り候ハヽ、成る程心安き御奉公ニ候間、行跡をも相改め申すべき事に候

一士の子共学文武芸を心掛け、行跡能き者は、組頭中より相糺し申し出べく候、左様成るものハ連々宜しく召し仕われ候

一所行宜しからざる者は、無芸無能ニて平日徒ニ罷り居り、何の業ヲも仕らず候に付き、悪行を仕る外なきの筈ニ候、殿様ニ御世話を掛ケる上、其の身は勿論、親子一類迄も迷惑ニ成る御事をいたし候ものハ、不忠不孝の者ニ候、此の旨能々親々より子共へ申し聞かすべく候

右の史料では、二点注目すべきことがある。

一点目は、山坂達者推奨の理由である。身体鍛錬の意味はあるにしても、山坂達者は武士道追求

の一環として積極的に推奨されているのではなく、一人でもでき、人の障りにならないという消極的理由によっている。しかも、山坂達者・武芸などを嗜む、いわゆる兵子二才は、「平生の様体も見苦しく」「諸事人の障りニ罷り成り候を手柄の様に存」とあるように、武士として相応しくない容体であり、行動をしていた。正に、これらを改めること、すなわち、行跡を改めることこそが今できる奉公であるとした。

二点目は、「御条書」にもある利益誘導による指導である。行跡のよい者とそうでない者を区別し、前者には就役による俸禄を与え、後者を不忠・不孝者と決めつけ、行状を改めるよう親より教諭させた。

すなわち、吉貴は二才の指導は一義的には親に求め、それに加え、飴（就役）と鞭（厳罰）により、二才を「国風」から脱皮させようとしたのである。

5 与頭の役割

与頭の本務は軍務であるが、与が地域ごとに編成された宝永二（一七〇五）年以後は、地域の状況をよく知る与頭、特に小与頭が二才などの指導に果たす役割は大きかった。藩もそれを可能にするように与頭などの権限を拡大した。

与頭の職務についての法令は、五ヶ条からなる寛永十九（一六四二）年発令の「与頭へ被仰出条々」が初見である。

これは、与頭の下知などに従うようにとの包括的内容の他は、喧嘩・口論・訴訟に関し、「与頭へ申し入れるべし」「与頭へ尋ね候て公儀へ申し出るべき事」と、訴えは与頭を経由することを規定しているにすぎない。

ところが、吉貴期に出される「組頭覚悟之事」には、喧嘩・口論などの取り扱いに加え、公儀法令・藩法遵守の監督、学文武芸の奨励、奉公の心掛け・孝行や家業出精者の上申と悪心不忠者・行跡の悪い者への指導・処罰、仮病者の上申、前髪取り・半元服者の見分け、など十五ヶ条に及んでいるのであり、与士および子弟全体の日常生活全般が与頭の監督と裁量の下に置かれることになった。地域ごとに与が編成されたことにより、これが可能になったのであり、小与頭は小与＝方限を掌握し、事細かに与士および子弟の行状などを監督することになった。

6 吉貴の意図と乖離

吉貴は襲封直後より、「国風」からの脱皮を意図し、形の上でも、武士の意識においても、幕藩体制に適応するように改めようとした。しかし、その意気込みにもかかわらず、形は家格・支配体制などで整っても、内実は意図と乖離したものになっていった。吉貴の施策について、徳田邕興は次のように指摘する。

学文・武芸の奨励については、

> 諸士ノ子弟、スベテ十四歳ヨリ二十歳迄ノ間、昼夜暫モ隙ナキ様ニ時ヲ定メ武芸・学文ヲ習ワセ、精ヲ出ス者ニハ時々少シ宛ノ俸禄ヲ与ヘ、懈リ励マザルモノハ罪科ヲ申付、薩州ノ古風風俗ノ儘ニテ打置、咎ムル事ナク、武術学文ノ外、徒ノ隙ナキ様ニ仕掛ル時ハ、自ラ喧嘩モセズ、二十三歳ニ及ベバ、他国ニ押出シテモ耻ザル良士ノ風俗ニ成ル也、如斯大本ヲ治ルコトナク、厳令計ヲ以テ曲ゲ付改メントシ玉フ故、弥制シテ弥喧嘩止マズ、其後ハ驕奢怯弱ノ風俗ヲ似セ、喧嘩ハ止ミタレドモ士ノ古風廃レ、武士ノ用ニ立タザル也

と、薩摩の古風の風俗に任せ、飴（就役・俸禄）と鞭（厳罰）により、若者を徒の暇がないように学文・武芸に励ませるならば、他藩にも通用する良士となるとし、厳令ばかりで押さえつけては、風俗は改まるが、役に立つ者は出てこない、と指摘する。

吉貴による若者の行跡を改めさす方法も飴と鞭であったが、飴は「学文・武芸ヲ心掛ル者ハ奉公ノ品能ク召仕ヘシト書記シタレドモ、此毎朔ノ条書始タルヨリ今ニ宰職・頭取役ニ近付、便ヲ得ル

事ナキ貧窮ノ士、学問武芸ヲ心掛タリトテ品能奉公ニ挙用ラレタル人有シ事ヲ未聞カス」とあるように、公平ではなく、利欲の武士や権力者に諂《へつら》う武士のみが役に就くのが実態であり、空文であったと非難する。

薩摩藩武士の利欲に対する意識が、吉貴期頃より変化することは、『薩州士風伝』の著者久保之英も、次のように指摘する。

元禄以前の武士は、学文し、道義を守って忠義を尽くすことのみを心懸け、治世上の些細なことには拘りたくないという風があった。そのため、主君も役を命ずる時は丁寧に命じ、命ぜられた者も就役すれば、身命を抛ち勤めるので、役の大小軽重を問わずなしえないことはなかった。もし、役務上の言上が受け入れられない時は役を退き、就役に恋々とすることはなかった。また、就役は命ぜられるのを待つのみで、自ら申し出るようなことは、一切なかった。

元禄~享保期になると、文武の修行をすることすら、良い役に就く手段になった。そのため、自らの器量を認められる機会が多い江戸詰が立身のための就役コースになり、また、将来立身のために役立つと考えられる人物との交わりは疎かにしないよう心懸けることには熱心であった。

宝暦以降になると、手段としての文武の修行の努力もせずに、只ひたすら便を求め、進物によって上司に取り入り、その贔屓により就役することが普通になった。上に立つ者も、進物を贈り就役を希望する者を役に適した者と見なし、就役運動をしない者を不届き者と見なす風があった。

しかし、享保・元文の頃までは、まだ、武士が利欲行為に走ることは恥ずべきことであるとの意識はあった。

享保の末か元文の初めころとおぼへたり、相良佐平次と云ふ人に糾明奉行仰せ付けらる、（中略）佐平次糾明奉行仰せ付けられ候節は、持高百石より少し超して他借多し、此の時分も百石以上ニは御扶持米下されざる事にて、此の時相良氏持高の内少々売り払い、他借を弁し候えは、百石より内に入り申し候に付き、御扶持米拾二石下され置き候よしなり、是れ糾明奉行仰せ付けられず候とも勿論売り払うべき高にてある筈に候えとも、売り払い申され候時悪敷きゆへ、佐平次の名をいふ事も諸人嫌ひ、是れにて佐平次文武心掛けの名すたれ候、（中略）然るに、此の近年ハ百五、六石、百七、八石も所持にて、少々ハ借（貸）銀をも出し候所帯の士も、右式御役仰せ付けられ候えは、直ニ九十何石と云ふに高頭を減らし、其の代をも又能き借り主に借（貸し）付けて利足を取り、所帯を太め、利を求め候を却って利口のいたしかたと諸人褒め候

相良佐平次は糾明奉行を命ぜられた時、持高の一部を借金返済のために売り払い百石以下の持高になったため、規定により職務給として扶持米十二石を貰うことになった。これは扶持米を貰うた

めに意図的に持高を減らしたのではなく、借財返済のためにやむをえず行ったのであったが、世人はこれを利欲行為と見なし、佐平次の名を口に出すことすら嫌うようになった。しかし、宝暦以降は、まったく逆の評価がなされ、百石を少々超した石高を持ち、他へ金を貸す余裕のある者が、このような役に就くことになると、直ちに持高を売却して百石以下にし、扶持米を貰うだけではなく、売却代金を貸付に廻し利息を取り、家計を豊かにすることが利口なやり方であるとされた。しかし、享保・元文の頃までは、利欲を表に出すことが憚られる雰囲気がまだ一部にはあったことが知られる。

重豪以降になると、これらのことを意図的に行い、財産を豊かにすることのできる人が理財に明るい人物として評価され、もてはやされるのである。器量を量る基準が、利の獲得に置かれたのである。役職に就いて多くの利得を得る者が働きのある者として褒められることになり、学文・武芸に通じていても、権力者宅へ出入りしなかったり、立身を求めない者は、「馬鹿者・偏気者」といわれた。

右に見たように、吉貴期以降、特に重豪期以降は、武士の利意識が強まり、その追求によって奉公・学文修行の意味は変化した。本来、武士の矜恃を維持する制度である家格の混乱と為政者であるべき武士の精神的堕落がもたらされた。このことを久保は次のように言っている。

「天文・天正ノ頃、五名君御発起遊ばされ文武ノ道ヲ専トシ給フヨリ旗下ノ勇士ヲ第一ニ御養い立て、其の諫ヲ御用い、スヘテ勇士ノ志ヲ遂しめ給フユヘニ、旗下ノ勇士家職ヲ勤め、義ヲ専ト致シ、忠義戦功ヲアラハシ、各己カ父母先祖ノ名ヲモ高シ、家勢ヲ盛んにせしむ」また「薩州武士の第一本義とする処は、戦場におひて味方難儀の時、御馬前におひて戦死いたし候儀を第一といたし候、且つ又御側へ相勤め候人ハ、君公へ若し過ちも御座成され候節は、心底を申し上げ、御手打ちに仰せ付けられ候共、少しも恨みに存ぜず」さらに「昔、武功の士に御高拝領仰せ付けらるべきと有り候時、渡世いたす程に領地有る人は御断り申し上げ候」などと記されるように、主君は家臣を慈しみ、また、その言を容れ、家臣は主君へ無私無欲の奉公を尽くす、いわば「愚直」とも言うべき忠を尽くすことを理想とする国風から、「町人、御家老衆宅へも立ち入り、膝組にて相咄し、何事も願ひ事成らすと言ふ事なく、御上御所帯にも当時は宜敷きやうにて、十年も経れば皆々御損亡に成り立つ事のミなり、況んや諸士に困窮せしむるにおひてをや、己の利欲さへ達すれハ、外を見る事なし、御家老さへ此の如し、是よりしたれる役人をや、町人宅へ毎度請に入り、酒食を以て機嫌を取り、金銀にて欲を進め至らざるはなし、是皆御勝手金めの衆にて、書役より奉行に成り、奉行より物頭を取り、代々小番に成り、当時の忠臣と思へり、然れとも誠ハ大盗人なり」と、罵るべき変化が出てきていた。重豪期以降、献金により、武士へ身分を変える町人の出現は、この変化の最たるものであった。

久保は、武士の利欲追求意識の変化する時が、国風・士風の変化する画期であるとし、それを吉貴と重豪の時と見ている。

吉貴期については、徳田邕興も次のように述べている。

吉貴主御代ニ至テ役儀ノ権威ヲ邪ニシ、下民ヲセメホフリ、財用ヲ掠メ取リ、公ノ法禁ヲユルカセニシ、下買人ノハイロ・進物ヲ取リ、不義ノ財ヲ多ク取ルヲ御陰アル奉公ト号《なづ》ケ《け》、御心附アリテ御側廻ヲ始メ宰職太夫ニ取リ入リ諂フ者ノ外ハ是ヲ務ルコト能ハス

また、訴訟の場合も「内々ニテ家老ニ金銀ヲ賄賂ヲ進上セザル願ノ叶ヒタルコトナク〈中略〉地頭々役欲ヲ構ヘ贔屓偏頗シ、無理の取捌アツテ下迷惑」とあり、就役、訴訟も万事金次第の世になっていた。そのため、制度を巧みに利用し金銀を貪り取る者が昇進し、婦妾の縁により高位に就き富貴となる者が出てくる一方、旧功の子孫は、乞食のように飢寒に苦しみ、富貴の者からは「奴僕ノ如ニアナトリ軽シムルニ至」る、という事態を招来した。吉貴の意図する幕藩制的藩への脱皮と引き換えに、種々の弊害が芽生えていたのであり、意図と実際との間には大きな落差があった。

では、与の再編により方限で区切られ、小与頭などの監督下にある二才の行跡は、藩達しのとおり改まっていったであろうか。

徳田邕興の指摘を次に挙げる。

吉貴主・家久主御代ヨリ以来数百年来旧染シタル薩州ノ古風ヲ止メ、花美柔和ナル江戸風ニ改メ易ント御志シ、諸士ノ子弟幼少ノモノトモ鹿府中ヲ徘徊シ、首ヲ挙ルコト成サル様ニ幾重ニモ稠敷禁制シ給フ、本ヨリ貧窮ナル者共ノミニテ家屋狭ク、内ニテ同志集会スルコト能ハス、遠方ニ行コト成ラス、一方限リ一小路ノ友トノミ交リ、昼夜辻・門戸ニヨリ集ヨリ外ニ行方ナク、交ラサル他方限、他小路ノ者ニ行逢、云レサル争論ヲ起シ、喧嘩口論ヲ仕出ス若輩ノ者共、前代鹿府中ヲ手広ク心任セ行廻リ交ルコトヲ制禁ナキ時政（世）ヨリハ益超過シテ多ク出来リ（中略）古ノ武備廃亡シ、首ヲ打レ耻ヲ受テモ報スルコト能ハス、喧嘩刃傷ハ自ラ止レトモ江府ニ於テ町人トモヨリ棒梯子ニテ抑ヘラレ、或公儀ノ軽卒ニトラワレ刀ヲ抜出スコトサヘモ能ハス、前代ヨリ未タ聞サル国家ノ耻辱ヲ仕出スニ至レリ、仮令喧嘩刃傷ハ止タリトモ婦人ニ同キ佞阿怯臆ノ士臣多ク、生産穀ヲ喰禿シタル迄ナレハ、国家危亡ニ至ル害ハ喧嘩有テ徒ニ死スル子弟アルヨリモ甚シ

家屋が狭いために屋内で同志の集会ができない、との疑問のある記述もあるが、昼夜の辻立や他方限との喧嘩などは、方限外へ出ることが厳しく制限されたことの結果であるとの指摘は納得できるのであり、方限ができる以前よりも喧嘩などは多くなったとする。

後半部分は、厳しい規制により喧嘩刃傷がなくなる状況で成長する武士は、武士としての誇り、気概までなくし、佞悪・阿諛・怯懦・臆病の者が多くなり、国家（藩）への害・損失は喧嘩により徒に死ぬ子弟があった時よりも甚だしいとし、方限による二才支配は良士を育てることにはならない、と批判する。

吉貴の施策全般を批判する徳田の指摘であるので割り引く必要があるが、良士育成には不適であるとの指摘は的を射ている。

吉貴は晩年、自らの治世を振り返り、「三ヶ国も手広き事ニ候間、間々ニハ学問武芸亦は忠孝の道ニ志し候テ、行跡宜しき者も有る筈也、然るに左様の者有り候儀を自分が耳に家老中より申し出る儀曽てなし、耳に入る程の儀は、皆々甚だしき事をいたし候者共迄なり、然し自分が仕置きのいたし様あしくは、行跡の宜しき者なき儀かと思へハ、是のみ残念の儀に思ふなり」と、述懐していることからして、意図した結果が出ていないと考えていたことは明らかである。

しかし、郷中教育の成立過程を見る時、吉貴期に方限ができ、二才だけではなく、稚児の風俗・行動にも細かな注意を払うよう指示していることは注目される。これは方限で稚児が指導される対象として意識されてきたことを示している。典型的な郷中に現れる稚児・二才による明確な組織、教育の方法はまだ出てこないにしても、稚児・二才を地域社会、すなわち方限で指導・育成する方向が、この期に確定されたといえる。

四　重豪期の郷中教育

1　「稚児掟」について

稚児相中掟の評価　方限内の若者が全員加入する郷中に一歩近づいたことを示すのが「稚児掟」の成立であるといわれる。

ここでは、「小稚児相中掟」と「長稚児相中掟」を一緒にし、「稚児掟」と呼ぶことにする。

「稚児掟」は平・高見馬場の両方限に、仮名遣いなどの違いはあっても、同文のものが存在したことが知られている。前者は、昭和十三（一九三八）年までは平之町の会文舎に保存されていたとされるが、現在はその所在は不明であり、『伯爵山本権兵衛傳』に所載される史料が利用される。後者も原史料はなく、昭和十五（一九四〇）年刊『鹿児島県教育史　上』に所収されているものである。両史料共に「長稚児相中掟」には宝暦四（一七五四）年戌十月十六日とある。すなわち、異なる方限に同年月日付の同文の掟が存在したことを確認し、平方限の「稚児掟」を次に示す。

小稚児相中掟

一武芸を相嗜むべき事
一山坂を（の）達者相嗜むべき事
一傍輩中に過言いふ間敷き事
一吉屋共に打ち交じり間敷き事
一他所のものを咄しに出す間敷き事
一傍輩中道中に於いて、はらぐるひ致す間敷き事
一萬傍輩中無礼致す間敷き事
一他所に出候時、後よりチッチュふくとき、跡見る間敷き事
一傍輩中萬中能く打ち交じる事
一咄外の所に参り候時は、用事相済み次第罷り帰るべき事
一人中に於いて指さし笑ひ、人ごと言う間敷き事
一傍輩中列れ立ち徘徊致す時、道分かれ致す間敷き事

一咄外の人に話の次第申し間敷き事
一人に悪口申し間敷き事
一二才等より申し聞く儀、相背き間敷き事
一人中に於いて、歌うたふ間敷き事
一人中に於いて、力足踏み間敷き事

長稚児相中掟

一前髪有る者、他所二才又は噺外の二才抔打ち交じり間敷き事
一見物抔に出る時は、はらぐるひ言う間敷き事
一平日傍輩とはらぐるひ、其の外格もなき事申し間敷き事
一途中に出る時、道分かれ、其の外悪口申し間敷き事
一傍輩中常々相咄の儀、咄外の人へ一向申す間敷き事
一噺外の二才用事抔と申され候時は、何時にても断り申すべく候、惣て早速咄中二才一人へ其の訳申し達すべき事
一前ぶりあり候時、咄外の二才抔と取り分け心安く相咄候はゞ、咄しに出で間敷き事
一児頭より申し渡す儀、相背き間敷く候、若又、相背くに於いては、咄しに出で間敷き事

右八ヶ条の趣、相背く者、二才頭に申し達すべく候也

宝暦四戌十月十六日　　相中

か。

（1）先学の「稚児掟」理解

右の「稚児掟」は、郷中教育の研究の中で、どのような意味を持つと理解されているのであろう

岩本禧『鹿児島城下下荒田郷土史』は、「之等の規定は、新納武蔵の手書せる格式条目を標準として之を定めたものなり」とし、北川鐵三『薩摩の郷中教育』では、「格式定目」の延長上にあり、稚児・二才教育の理念は「格式定目」から「稚児掟」まで一貫している、との見方をしている。

また、制定者については両者とも触れないが、制定理由については、「元和偃武以後上下恬煕に馴れ、文弱に流れて武備弛廃し、元禄の頃に至りては天下の人心殆ど腐敗の極に達せりと雖も薩藩に於ては尚能く古来の良習美風保てり、唯稀には衣服を飾り外観を粧ひ、軟弱柔惰にして遊蕩に趨るの青年なきに非ざるも、人之を吉屋二才と称して擯斥し、互に相戒めて之と交際するを禁じたり、故に宝暦中少年組合の間に規定を設けて其風儀を正すに至り、以て元禄以来の余弊を矯むるに務めたるを見る」（『伯爵山本権兵衛傳』）と、綱紀の引き締めを目的としていた、とする。

「稚児掟」の制定は、稚児も方限ごとに相中を作っていることが知られ、方限内の二才・稚児が強

制加入となる郷中の成立まで、あと一歩のところに来ている、としている。なお、「稚児掟」は実際の活動に取り入れられたとし、『鹿児島県史』には、次のようにある。

毎月五・十の日を式日とし、長稚児・小稚児に分かれて集会し、教訓条目なる掟の朗読式を行う。即ち、小稚児の組では、行儀正しく円座する小稚児の中に、長稚児の古参者一名来り、厳然として小稚児相中掟の写を朗読し、一々其の条目を説き聞かせ、或は諮問して納得せしめた上詮議にうつる。（中略）長稚児相中掟の朗読・訓解等の方法も同様であるが、其の実践する掟目と其の制裁は更らに厳重である。

このように、「稚児掟」は稚児教育の中心をなすものとして、重要な役割を果たしていた、とされる。

「稚児掟」の内容と意義については、北川鐵三氏によると、教育目的は心身の健全発達にあり、教育系統は年長者、特に稚児頭・二才頭に教育権を認め、指導に背いた場合は義絶の制裁を課す規定を設け、友情・質実剛健の気風・自己統御の性格などの育成、行儀などの行動様式を定めている。これにより、「（稚児が）自己を統御して、武士の子弟に相応しい行為を心懸けるべき生活指導を規定」し、「人間を尊重するという人格形成を企図」し、「幼児期の特長である自己中心性を脱却して、自己統御できる精神段階に成長」させることにより、自ずから稚児自身が精神的未完成者であると自己を確認し、そこから相手を尊敬し、相手の良さに学ぶ姿勢がでてき、相手を理解することが可能になるとし、この掟のみでも、稚児が精神的未完成者としての自己を発見することにより、相対的世界観を身につけた真に立派な武士に成長することを目的とする郷中教育の本質に関する稚児段階の教育方針を見ることができる、と高い評価を与えている。

（2）「稚児掟」の検討

「稚児掟」に高い評価を与える北川氏の論旨の最大の欠点は、「稚児掟」に何の疑問を持たず、また、当時の稚児・二才の実態に触れていないことである。

「稚児掟」の制定意図を云々することも重要であるが、それよりも、これを素直に読み解き、当時の稚児・二才の実態に照らし合わせて、「稚児掟」の信憑性・有効性を考察することがより重要である。

以下、「稚児掟」の問題点を指摘し、「稚児掟」の持つ意味に触れる。

【体裁と内容】「小稚児相中掟」では、教育目的として「武芸の嗜み」「山坂達者」の身体鍛錬が掲げられているが、「長稚児相中掟」では教育目的はない。長稚児は小稚児を経ているので重複を避けたとも理解可能であるが、行動面では重複して挙げていることから、この理解は無理である。したがって、長稚児相中掟に教育目的がないのは、独立した掟としては著しく体裁を欠くと言わなければならない。また、長稚児相中掟の冒頭に「前髪有る者」とあるが、長稚児に当然ある前髪について、わざわざ断る文言を入れることは、同時代の人ならばあるはずはなく、この掟を疑問視させる根拠の一つである。

さらに、両掟の学文・精神面の教育目的の欠如は、この種の掟を作る場合、「武家諸法度」「藩主仰出」などが参考にされることからすれば、整合性を欠いている。事実、吉貴までの藩主による青少年への訓誡でも、必ずその中心は、「忠孝の精神の涵養」「学文の勧め」「文武両輪」であり、これを欠き、北川氏のように「小稚児が武芸に先ず習熟し、然る後に、二才が武道の域まで到達できるのである」と、小稚児の教育目的を説明するのは、論外であり、賛成できない。

「武道」さらには「武士道」という、幕藩制下の武士が到達することを期待されている「道」の域に繋がるような武芸の習熟が、小稚児段階に達成されると考えることは現実的ではない。小稚児から長稚児、さらには二才へと一貫した教育目的の下での、たゆみない研鑽により、初めて「道」は究められるのであり、小稚児段階で精神涵養面の項目を欠き、身体鍛錬のみが教育目的とされる小稚児相中掟はもちろん、教育目的すらも欠く長稚児相中掟は、藩主の「仰出」の趣意に沿うものではない。

【稚児の躾】「稚児掟」には躾に関する項目が多くある。郷中教育の段階では、家庭の教育よりも地域社会、郷中による教育が重要な意味を持っていた。東郷平八郎が子供の教育について、「吾々の時代は世間が正しかったから、放任して置いてもよかった。そうして、かえって世間で正しいことを覚えて来たのである。それが今日はなかなかそうは行かぬ。一体、子供の教育、躾というものは、女親が最も注意をせなければいけませぬ」と、功成った後に、国民に諭している。東郷のこの回想的教諭は、自ら経験した安政期前後の稚児時の体験に基づくものであろう。この時期は、後に述べるように、島津斉彬の指導もあり、郷中教育の制度・内容が充実していた時であり、子供の躾は家庭よりも世間、すなわち郷中で行われ、それが掟に取り入れられていた。

幕末頃のものと推定されている草牟田郷中掟には、「人の宅の庭木に障る間敷き事」などの躾に関する項目が多数定められている。草牟田郷中では、特に稚児を対象とした掟は作られず、この郷中掟により稚児の行動も規定しているのであるが、躾に関する禁止事項が多数挙げられており、現実に世間＝郷中での躾が為されていたことが窺える。また、郷中教育で行われる生活詮議は、郷中での躾そのものであった。

では、このような世間が躾をするということは、いつから始まったのであろうか。

先出のように、吉貴の城下与改編により、地域ごとのまとまりができた。しかも、与頭には、与士および与士子弟の行状の監視・指導が義務として課せられた。このような青少年の監視・指導は、具体的には小与単位、すなわち方限ごとになされ、小与頭の果たす役割は大きかった。

宝永三（一七〇六）年頃出されたと推定される「組頭覚悟之事」にある関連項目を抜き出し挙げると、次のとおりである。

①一御奉公方の心懸け、孝行、其の外勤め方宜しく、家業ニ出精候者有るに於いては、申し出べし、悪心・不忠の者、又は行跡宜しからず、惣じて諸人の妨げニ罷り成る者有るに於いては、気を付け、早々沙汰致さるべき事

②一組中前髪取り、又ハ半元服のもの見分けの儀、此の節より組頭見分け迄ニて差し免し候筋ニ仰せ付けられ候間、不相応の儀無き様念を入れらるべき事

③一諸事勤め方の儀、其の外行跡、随分心懸け、礼儀等正敷く仕るべく候、不勤又は若キもの共出合の沙汰、宜しからざるも有る由に候、以後右通りの儀候ハヽ、思し召さる旨も候由、今度御組頭・御番頭へ仰せ渡さる趣有り候、右通りニ候えは、諸士の儀も随分勤め方ニ精を出し、互いの参会等作法悪敷き儀無き様弥以て心懸け申すべく候、自然不行跡の人有るに於いては沙汰に及ぶべく候条、忘却仕らず、なかんづく若キもの共行跡相嗜み、稽古事ニ精を出し候様、親々より申し聞かすべく候

右史料によれば、与頭・小与頭の与士子弟の指導は①に見るように、奉公・孝行・勤方などに出

精の者の上申と、悪心・不忠者・悪行跡者への注意、沙汰でなされるが、特に②に見るように、元服・半元服の見極めが与頭の権限となっていることは注目される。元服することは藩役所の書役助などに就くことによる実利があったからである。この面では小与頭の地域、方限への規制力は効いたと言える。

しかし、元服・半元服の見極めの基準は、前々からの「交わり律儀に生い立つ」ということにあったろう。「交わり律儀」とは、「上下関係を弁えた礼儀正しい態度による交わり」という、対人関係であると解釈できるのであり、個々人の行動は特に問題にされなかった。③には、「若キもの共行跡相嗜み、稽古事ニ精を出し候様、親々より申し聞かすべき事」とあるのであり、子弟の躾と行状の指導・監視は第一義的には家族・親族の責任であるとされているからである。これは重豪期まで基本的に継続している。したがって、小稚児相中掟にある、人中での、「指さし笑ひ人ごと言う・悪口・歌を歌う・力足を踏む」などのような、本来、家庭で行われるべき稚児への基本的躾が、宝暦四（一七五四）年、地域＝方限で行われていたか、疑問となる。

【掟制定】先に「稚児掟」は平・高見馬場両方限に同年、同内容のものが存在していたことを指摘した。このことは先行研究では触れられていないが、意味するところは重大である。他方限所属の人を排除し合う二つの方限で、同内容の掟が同年に制定されたことになる。一方限で制定された掟の他方限への流用の可能性も、郷中の掟が他方限には厳秘にされていたことを考えると、郷中成立前であっても、咄相中の事柄は他方限には話さないのが原則である以上、この可能性はないといえる。この矛盾の合理的解釈は、「稚児掟」が各方限で独自に制定されたのではなく、藩が制定し各方限に与えた、ということである。

では、藩が「稚児掟」を制定する必然性がこの時期にあったかということが問題となるが、これは、「稚児掟」の真偽判定に直結する。

吉貴の治世後、宝暦四年「稚児掟」制定までの三十四年間に継豊・宗信・重年と藩主は交代する。継豊期は、将軍綱吉の養女竹姫の継豊への輿入れ、江戸藩邸の焼失などにより財政は困窮し、倹約令・緊縮令を発し、また、扶持米の削減などによる支出抑制に努める一方、重出米銀を課して収入増加を図っている。このような節倹・課税に関する法令は出されるが、継豊自身、兵学や武張った風を好み、「なまぬるい風」を嫌う性格であり、これが稚児・二才にも少なからぬ影響を与えたと思われるにもかかわらず、継豊二十六年の治世期には稚児・二才などへの訓戒などは出されていない。

宗信の治世四年間は、守役伊集院俊矩の薫陶のよろしきを得て質素倹約を率先垂範し、慈愛に満ちた治世であったと『薩藩先公遺徳』や『古の遺愛』は褒め称えている。

本の性質上、美化されているが、宗信施政の一面は、これによって窺える。

本論に関係することでは、宗信が当時の学文をする者への疑問を呈していることである。

宗信は学文を好んでいたが、儒臣の勧めにもかかわらず、講釈を聞くことを避け続けた。その理由を問われ、「儒書など聞きたる者共多々有り候え共、聞かざる者ニ何ぞ変わりたる事もなし」と、学文をしている者と、していない者の日常の挙措行動は同じである点を指摘した。宗信の学文傾向は、伊集院の指導により、「強に記誦講説を求め給はず、一筋に躬行実践をもて本とし給ふ」ことにあったから、現実に役立たない学文は無駄である、としたのである。

このことは、当時の学文が、本来武士に求められる高い倫理観に基づく真の教養、すなわち、武士としての自覚を高め、それに則った行動をするということに繋がっていなかったのである。これは、宗信の出した唯一の「仰出」である、次の史料にも関係する。

> 近年士の風儀悪敷く、利欲に耽り候者共有る由聞こえ、甚だ以て然るべからず候、末々の者迄も邪なる心底無きよう相嗜むべく候

『薩藩士風』に、「我ガ薩摩ノ武士ハ殊ニ金銭営利ノ所業ヲ賤ミ、是等ハ町人ノナスベキ賤業トシテ之レヲ排斥セリ」とあるように、表向きは利得の追求を蔑みながら、吉貴以来これを求める傾向が蔓延し、無視できない段階に達していたのである。四民の長たる為政者の武士が、利欲に耽っていた。建前と実態との間には大きな隔たりがあったのであり、学文が生きた学文になっていなかっ

た。

では、宗信期の二才の実態を窺おう。

年少き者共動《やゝ》もすれは喧嘩・闘争して、はては刃傷して死に至る者絶さる由聞こし召し、あたらこと哉、斯く程迄軽々しくせる命をはいかなる不思議も出来んする時に、我馬の前にて捨てたらましかは、その名の後世に貽（残）りて芳しからんはいふまてもなし、国の為栄耀ともなるらんに、由なき私闘に命をは捨てること、只に犬死なるのみかは、不忠不孝の罪をも逃るましそと嘆息ましまして宣ひけれは、禁し戒めよとの御諚もなけれど、かかる有り難き御意を伝え聞いては誰か感涙に咽はさらん、心に銘し骨に刻みて身持ちを嗜みし程に、聊か一期の怒りに其の身を忘れるゝ者絶えてなかりきとそ

右では、喧嘩・口論などの末の刃傷沙汰が多発している様子が窺える。薩摩では、万一刃傷により相手を死に至らした場合には、引責切腹する倣いであったが、これは喧嘩・口論刃傷沙汰への抑止力には少しもなっておらず、むしろ、それを誇るような状況であった。

また、二才の日常の生活については、次のようにある。

或時、宗信公御馬にて御府内御乗り廻し遊ばされ候節、大場庄太左衛門処へ、庄太左衛門〳〵と御呼ハり遊ばされ候、折節朋輩とも相集まり、各相打ち臥し物語せし所也、公は夫れなり御乗り過ぎ遊ばれしとぞ、翌日、庄太左衛門出勤せしに、御意に、昨日は如何成る客にて候哉と有りしに、心安き朋輩共相集まり打ち臥し寛々物語共仕りたると御答え申し上げける時に、御意には、朋輩中相集まり候折りハ、毎も打ち臥し物語等いたし候哉、兼ねて其の通り無行儀ニ付、畢竟口論等も相起こり、終には刃傷に及び候儀も到来候、戦場に於いて我等が馬前ニて捨てるべき命を、私の憤りに命を捨て、甚だ惜しき次第と深く嘆かせ給ひしとぞ、其の御意自然と世上に相聞こえ、実に其の通りの御奉公なりと一統感じ奉り、壮士の輩屹と刃傷に及ぶ事も相止ミ候と也

すなわち、気の合った仲間同士の集会では、「打ち伏し、寛々物語共仕る」という武士らしくない行儀であり、この行儀の悪さが口論・刃傷の遠因ともなっていた。

宗信が、馬前に死ぬのが奉公であり、喧嘩・闘争での刃傷など私憤による死は犬死であると諭し、犬死を哀れむ宗信の心が伝わり、令せずして喧嘩・刃傷沙汰が止んだというのである。

しかし、宗信期には、逸話には誇張があるにしても、行儀の悪さは直され、喧嘩・闘争・刃傷は止み、二才の行動は穏やかになっていたとすれば、宗信死後数年にして、藩が「稚児掟」を制定する

とは考えられず、宝暦四（一七五四）年に「稚児掟」が制定されたとすることには疑問を持たざるをえない。すなわち、信憑性を先ず検討すべき必要のある史料なのであり、安易に利用すべきものではない。

2 重豪の教育方針

宗信の跡を襲った重年も治世六年で死去し、十一歳の重豪が八代藩主として登場する。襲封当初は祖父継豊が後見し、重豪独自の政策が打ち出されたのは、明和六（一七六九）年、賭の鉄砲禁止令が最初であるが、翌年には与中の行跡を改めさせる法令を出したのを皮切りに、直臣・家中・足軽・小者の風俗・礼儀・格式について指示し、とりわけ若輩者の行跡を改めさせる施策が積極的に進められた。いわゆる、重豪の「開化策」「都化策」と呼ばれる改革である。

重豪の藩主としての治世は、天明七（一七八七）年、一橋豊千代、すなわち家斉の将軍職就任を期に隠居するまでの三十三年間であるが、その後も、斉宣・斉興の政務介助を行い、政務介助を止めた後も、天保四（一八三三）年死去の時まで、斉宣期の実質十年間を除く、八十年近くの間薩摩藩の舵取りをしていた。

重豪は知的好奇心旺盛な精力家で、しかも長期間の治世であったため、政治・経済・文化のあらゆる面で注目すべき施策を行った。ここでは、教育面に限定し述べる。

（1）教育方針

安永二（一七七三）年四月、薩摩藩にとっては画期的な次の法令が発布された。

一御国元何方温泉ニても、他国者入り来たり候儀苦しからざる事
一他国者女ニても、指南事ニ入り来たり候儀同断
一鹿児島中、華火且つ又船遊山等ニ出で候儀苦しからず候間、勝手次第致すべく候、夫れとも別して異様成る儀共ハ無用たるべく候、此の儀屹と仰せ付けらる儀ニてはなく候え共、其の心得ニて罷り居るべく候
一華火の儀、州崎又は人家放れの海上ニて致し候儀は苦しからず候
右の通り寄々申し聞かせ候様致すべく候
　安永二年巳四月

この施策には、城下を賑わせ、藩利を拡大するという経済的意味もあったが、真の目的は、第一に、他国人の自由な出入りを許すことによって他領との間の風通しを良くし、薩摩藩士の井の中の

蛙的思考形態を一変させること、第二に、女指南による芸事の教習の自由、花火・船遊山の勧めにより、粗野・武骨の風潮を和らげること、にあったことは確かであり、このような衝撃的荒療治を施さなくては、薩摩武士の目を醒ますことはできないとの思いが重豪にあったことは疑いない。

では、この法令に至るまで、どのような開化策が取られているのであろうか。

重豪が本格的に開化策に取り組むのは、明和七（一七七〇）年からである。すなわち、次のように命じた。

与中の者共行跡相直らず候付、当在国にも段々申し渡しの趣も有り候えは、其の詮も相立つべきの処、却って頃日度々喧嘩致し候者有るの由相聞こえ、然るべからず候、喧嘩口論禁制の儀は公儀御法令ニも相見え、且亦短慮の働きいたし理不尽ニことを破り候者は、成敗を加え、所帯を没収すべき旨、毎朔の条目載せ置き候、左候えは親兄弟共より兼てきひしく申し付けるべきの処、若気のいたりニて誠に無益ニ死傷致し候者数多に及び甚だ不便に候、畢竟若輩の者故傍輩を打ち果て、切腹さへいたし候へは事相済むと心得候処より軽々敷く喧嘩に及ぶ事に候、第一は国恩を以て生育を遂げ候へは、専ら忠勤を心掛け、第二は父母の大恩を受け人となり候えは、夫々孝養を以て相報いるべき事に候、左候えは自分の身ニて我が儘ニ働き候儀嘗て罷り成らず筋に候、ケ様の分を弁えず喧嘩致し候者は委しく吟味を遂げ、無礼法外を働き喧嘩の張本ニ相決したる者は、誠に不忠不孝の罪人と申すべき条、其の身は凡下ニ申し付け、相果て候死体取り捨てさすべく候、親兄弟共の儀も吟味の上、大形の軽重に依り屹と咎目申し付け、其の外高下の差別なく右ニ準じ取り計らい、事に依っては所帯をも没収すべく候、縦末々の者を打ち果たし候といふとも、理不尽の訳に依っては右に応じ吟味の上、是又屹と咎目申し付くべく候、此の通り申し渡し候上、無礼法外の事共申し懸け、其の偏ニ差し置きがたき事に候とも、成りたけ其の場を堪忍致し、則筋々ニ言上を遂ぐべし、左候ハヽ、彼者えは相当の咎目申し付け、尤も神妙ニ取り計らい候者えは屹と褒美申し付けるべく候

右の通り領国中え屹と申し渡し、其の外締まりニも成るべき細々の儀共は、家老中申し談じ取り計らうべく候

正月

与中、特に二才の喧嘩などの粗暴な行為を取り締まることを目的にしている。その限りでは、吉貴以来度々出されている内容であり、目新しいとはいえないが、喧嘩の張本人は身分を下げ、死体は取り捨てるとするだけではなく、親兄弟までも、事によっては、所帯没収との厳罰主義を明確にした。

しかも「傍輩を打ち果て、切腹さへいたし候へは事相済む」という薩摩の伝統的な考えを短慮で

あると批判し、行為のみでなく、その前提となっている考え自体を変えようとした。また、末々の者の殺害も「切り捨て御免」では済まない場合があることを特記し、無礼・法外のことがあっても、できるだけ堪忍し、法の裁きに委ねることを申し渡しており、重豪のこれ以降の改革の基本的考えが示されている。

さらに、五月には、足軽・中間・小者・家中およびそれ以下の者が、直士あるいは鑓をたてるほどの身分の士に雨中で行き合った場合には、必ず木履を脱いで挨拶することを命じており、翌年になると、「御当国の風俗以前より致し来たりと覚え候哉、御役人軽重の差別薄き様有り、余国の風儀に相替わり御気の毒に候」と、薩摩藩は前からの風習で役の分かちが薄いことを指摘し、今後は役の上下間の礼節を守ることを命じた。

この仰せ出を受け、一通りの申し渡しでは徹底しないとして、「諸士は与頭宅に於いて仰せ出しの趣を拝聞仕らせ、夫れより小与頭申し合わせ、小与中ニて人柄見合いを以て尚又申し合わせ、とりわけ年若成る者共へは得心致させ候様仕るべく候、若し不合点成る者有るに於いては、幾度も教訓致し、何分此の節仰せ出し最も通じ風俗宜しく成り立ち候儀、諸人相励むべく候、未だ事弁え難き年少の者へは、おのつから親兄弟又は親類共より申し聞くべき事に候、支配下諸家中、寺社家・町人末々に至り、別て端々の者は尚又事の弁え薄く候に付き、頭人・主人或は頭取候者引き受け、各与中申し渡しの格ニ準シ、末々迄も流通致し候筋向々ニて吟味を遂げ、都て得心致し候様取り計らうべく候」と、諸士は勿論、特に事を弁えない若輩者や末々の者までにも納得させるよう、支配頭・親へ細々と家老連名で達した。

家格・格式は吉貴の治世期にほぼ固定されたが、それを目に見える礼儀などで強制することにより、家格に差があり、上位の家格の者へは、それにふさわしい敬意が払われなければならないことを実体化しようとしたものといえる。それは、まず直士以下の者の直士への強制に始まり、すぐさま直士間の上下のけじめを付けることへと広げられた。

ここまでの開化策は、吉貴の意図した方針の延長上に展開されたものであるが、安永元（一七七二）年正月、重豪独自の、しかもこれ以降繰り返し命ぜられることになる言語・容貌を改めることが、家老連名による「口達」により、次のように命ぜられた。

御領国辺鄙の儀に候えは、言語甚だ宜しからず、容貌も見苦しき躰に候故、他所の見分も如何わ敷く、畢竟御国之面目ニも相掛かる儀に付き、御上に於いても御気の毒ニ思し召上げられ候、急ニ上方向き程ニは改め難くべく候え共、九州一統の風儀大概相並び候程の言語行跡ニは相成るべきことに候旨、兼々御沙汰の趣御家老中承知奉り、御尤も至極に存じ奉り候、之に依り向後人々此の旨を弁え、容躰・詞つかひ等相嗜み、他国人へ応答付けても批判無き様常々心掛くべく候、尤も衣服の儀は仰せ渡され候趣候条、自他国の差別の外、分限を過ぎ候儀は無用たる

べく候

右の通り承知致され、家来末々へは尚又書面の旨趣を以て、口達和らけ具に申し聞かすべく候

薩摩の言葉は特に難しく、他国に通用しなかったことは、『倭文麻環』に、江戸で犢鼻褌《ふんどし》を購入しようとして呉服屋に行き、布を見せよと要求したところ、売り子より荒物屋へ行けと指示されたので、日本橋の荒物屋に行き、また「まはし」を買いたいと言えば、擂り粉木を見せられ、ついに買うことができなかった、という逸話が載せられていることによっても知られる。

また、髪型や衣服の着方も他所の目には見苦しいと映り、行儀も作法にかなわず、無作法であった。

これらは、当人にはその気持ちはなくても、接する人に対し傲慢無礼と取られ、外聞に関わることになるのである。しかし、これを急に上方並みにするのは難しいので、せめて九州並みにすることにより、他国人と対しても批判を受けないようにすることが意図されていた。したがって、重豪が帰国の途中目についた出水の二才（兵子）の長刀や髪型が見苦しい、と注意を与えたのは当然であった。

しかしながら、粗暴な行動の是正とは異なり、周りが全て同様な言葉遣いであり、容貌である限り、それを改めることが困難であるのは当然であり、その壁を乗り越えるためには、他国人との交

言葉不通の図

鹿児島県立図書館所蔵『倭文麻環』より

出水兵子

出水市発行『兒請繪巻』より

流を、興味を持たせつつ行うのが早道であった。先出の他国人の領内出入りの自由が命ぜられる理由もここにあったのである。

しかし、この結果はすぐさま次のように現れた。

当夏以来繁栄方ニ付き、芝居或いは諸所へ茶屋相立ち、他国男女ニ限らず入り込み候処、頃日ニ至り上下の風俗惰弱ニ相成り、役者・茶屋女など召し呼び、或いは町家へも徘徊いたす輩多く、甚だ乱れかわしき由相聞こえ候、繁栄の筋申し渡し候儀は、下々近年困窮に及び、売買等も相少なく、夫れ故町家も段々相衰え、城下不相応の見分けニ候故、下々救いの為ニ繁栄方相立て、往々生計ニも相成り、家宅等も相応ニ取り立て候様ニと存じ候に付き、右の免許候処、畢竟取り違い候哉、諸士惰弱ニ流レ、酒宴遊興を好む事の様相覚え、就中年若の者共は専ら其の風儀ニ成り立ち候由相聞こえ候、城下士共忠孝を心懸け、今日の事ニも恭謹の風を忘却致さず様ニと、先年已来より段々言語容貌の儀迄も申し付け、此の度ニ至り尚又士風を興起致し候様ニと存じ、聖堂を建立、諸稽古等迄懈り無き様申し付け候処、其の詮は却って無く、日々惰弱ニ相成る（後略）

すなわち、衰微している城下町を救い、下々の救済のために繁栄方を設け、言語・容貌を改め、士風振起のため造士館・演武館を設立するというのが藩＝重豪の意図であったが、それはすっかり忘れられ、惰弱、風紀の乱れのみの方向に流れていった。

重豪は、武士の風儀を質朴に直し、繁栄方もその実を挙げるよう命じたが、一度甘美な味を味わった者が立ち直ることは難しかった。同五年には、次のようにある。

芝居へ他国より差し越し居り候役者類の者、武士方は勿論、其の外ニても召し呼び候儀停止せしめ候間、支配中洩らさず様ニ申し渡されるべき旨、去ル午年申し渡し置き候処、頃日に至り緩かせ成り立ち候聞こえも有り、然るべからず候間、先年申し渡し置き候通り堅く相守り候様、支配中洩さず様申し渡さるべく候

武士を初めとする役者買いが流行し、禁止令が出されても実効性がなく、再度の禁止令発布となったのである。

「都化策」による薩摩武士の茶屋遊び・役者買いなどによる堕落ぶりは、頼山陽の『後兵子謡』に、「倡優巧みにして鉄剣鈍る」とか「馬を以て妾に換え、髀に肉を生ず」と表現されることに尽くされるが、『伯爵山本権兵衛傳』にも、「到る処弦声湧き、酒池肉林の奢侈に流れ、淫風吹き荒みて質実剛健の気象を失ひ、上下相率ゐて堕落の深淵に投じ、藩の財政も亦此時を以て殆んど窮乏の極

に達せり」と記され、市来四郎も、「上下共ニ花美驕奢ニ流レ、軽薄ノ風行ハレ、中ニモ大身ノ人々ハ阿諛ノ徒ニノミ交際シ、酒食ヲ事トシ、遂ニ淫乱ノ行状ニ陥リ、文武ノ芸ニ遊フモノ少ク」の状況が続いたと記すように、惨憺たる状態であった。

しかし、この代償を払っても言語・容貌は意図したようには改まらなかったことは、天明四（一七八四）年、「諭書」の趣旨を改めて達しなければならなかったことで分かる。そこでは容貌を良くすることは新しい物、結構を取り拵えることでないとし、言語も江戸・京のようでなければならないというのではなく、九州一統の言葉に直しさえすれば「他国の者承り候ても通じ安ク、薩摩者か抔笑い候儀も無き筈」となり、他所の見聞も宜しくなると諭している。

さらに、文化十（一八一三）年には、言語・容貌を改める必要性について、次のように言っている。

①薩摩藩は日本西南の果てに位置し、他国との交流も疎く、言葉は他国では通ぜず用向きも果たせない、②家柄の者や重役の将軍お目見えの節も不敬の容貌であり、役人衆へ相対の節も言葉が通ぜず藩の体面を損なっている、と指摘した上で、器量発明の人物が出てこないのは、育て方に問題もあるが、「乱世の軍功等の事を申し、異様に相見え候者を器量有り」とする薩摩の風潮にあるとし、今まで古代よりの風俗・言語など薩摩の気質までも押し通してきたが、これを根本的に変える必要がある。これが改まらないのは、他国に出ることがないため、それが恥ずかしいことであるという

ことを知らないことによっている。文武に優れていても、言語・容貌が悪ければ世の中では通用しない。国家永久の基を築くためには、言語・容貌を改めることを徹底しなければならない、とした。この徹底のため、家柄の四家・家老をはじめとして、家督の者、末々の頭立者より血判の請書を提出させたが、これは見分の老中を国元へ派遣するようとの願いを幕府へ出しているため、法令が徹底していなければ藩の面子が立たない、ということによっていた。公儀の権威までも利用し、風俗の矯正を図ろうとしたのである。

しかしながら、これでも言語・容貌を改めさすことが難しかったことは、同十二年に、「言語・容貌等の儀、何ケ度も申し聞き候へ共、兎角汲み受け薄ク、直り兼ね候」と言わざるをえなかったことが示している。

そのため、同年三月、容貌・言語・風俗については、すでに師範家により教戒していることであるから、これを守らない者は、師弟の道に背いていることになるので、破門するよう命じた。さらに、言語・容貌などが宜しくない者は、役場の風俗に関わるとして、役を免じ、さらに十二月、江戸や他所勤めには命じない、と就役させない範囲を拡大した。法の遵守という正攻法により改めさせるのみでなく、搦め手の破門、罷免、不就役という社会的・経済的圧力により言語・容貌・風俗を改めさせようとした。

しかし、重豪の執念にもかかわらず、重豪の治世期は勿論、その後も言語・容貌が改まることはなかった。

では、重豪はなぜこれほど言語・容貌等を改めることに執心したのであろうか。芳即正氏が、「近世的幕藩体制にふさわしい支配体制、すなわち文治主義的統治体制を確立し、藩の官僚組織を強固にすることが緊急の課題」であった、とする指摘は正しい。重豪は、近世的支配体制構築を逆行させるものとして、薩摩藩の言語・容貌をとらえていたのである。しかし、この風俗が薩摩藩の地域社会により維持されている限り、武士子弟の教育を地域社会に任せておくことはできない。重豪にとり藩校の設立は必須のことであったのである。

(2) 藩校創設と目的

安永二(一七七三)年の聖堂(造士館)・武芸稽古場(演武館)の創設は、重豪の開化策のもう一つの柱をなすものである。

造士館には山本正誼(記録方添役、後に教授)をはじめとして十余名を学官に任命し、学政を執らせ、学生を指導させた。

教育内容は、素読・講釈・習字・詩作などであり、講書は四書・五経・小学・近思録を用い、注解は程朱の説を用い、異説を交えることを禁止した。

演武館では、剣術・居合術・弓術・鑓術・長刀術・馬術の諸師匠が日を定めて出館し、それぞれの師匠について諸武術の稽古を行うことになっており、稽古に当たっては、他流を非難し、他人の芸を蔑むことなく、礼儀正しく稽古し、特に流儀のみでなく、行儀を師匠や年長者は年少者へ指南するよう注意が与えられていた。

先出の史料にあるように、造士館・演武館創設の意図は、薩摩藩は雄藩の聞こえがありながらも学文面では遅れ、風俗粗野、性質驕惰の風が蔓延している現状に鑑み、学文・風俗両面にわたり矯正することにあった。両館創設の趣意は、安永二年三月付で、次のようにある。

今度聖堂・講堂、其の外諸稽古場迄も相建てられ候、此の儀は諸人学問・芸術一涯改めて相励み出精仕り、猶以て往々御用相立ち、尤も風俗も正敷き方ニ相成り候様思し召し上げられ、畢竟御領国中教学のため、右の通り御造立仰せ付けられ思し召し候間、有り難く承知仕るべく旨仰せ渡され候

藩にとり、用に立つ人物の養成と藩士および子弟の風俗を正しくすることを目的にしていた。先学により、藩校の創設は幕藩体制に適応した官僚層の育成、エリート官僚の養成のためである、と評価されてきたのは一面では正しいが、一握りの優秀な子弟を選抜し、教育を施し、エリート官僚を養成することのみを目的にしていたのではなく、それは結果に過ぎなかった。

重豪治世期の特徴の一つは、城下士を外城士と区別する施策が採られ、それを定着させたことにある。外城士を外城郷士、さらに郷士と名称を変更し、格式も城下士の小姓与と同格の大番であったのを、一段低い大番格とした。このように、城下士優位の施策は、城下士の経済困窮による不満を緩和させるという現実的な面もあるが、何よりも、重豪が城下士こそが幕藩制的家臣団組織であると見ていたからである。

したがって、先の風俗矯正に見たように、重豪の狙いは家臣の模範ともなり、指導的役割を果たす一門・四家をはじめとした城下士の資質の向上に向けられていた。郷士を排除するものではなかったとしても、城下士並みに入学することは期待されていなかったし、また、経済的制約から郷士子弟の入学は限定的であった。

(3) 斉宣期の問題

文化朋党事件は、天明七(一七八七)年襲封した斉宣が儒教的理想主義を掲げ、樺山主税・秩父太郎を家老に抜擢し、財政支出の大幅な削減、賄賂政事の否定、行政能力の向上、質素廉恥の士風への復帰などを目指したが、これらは重豪の政策の否定となったために、重豪の怒りに触れ、樺山・秩父以下百数十名もの者が切腹などの処罰を受けた事件である。これらの人々は、近思録の講読会などにより同志的に結びついていたため、この集団を近思録派と呼び、また、この事件を「近思録崩れ」と言う。あるいは、文化年の党派事件であることから「文化朋党事件」とも呼んでいる。

重豪の表向きの糾弾理由は、幕府法・藩法で禁止されている党派活動であった。

しかし、今まで述べてきた風俗矯正・文武奨励などは、斉宣期も重豪の政策を引き継いでおり、重豪期の政策すべてを否定しているわけではないが、教育理念においては大きな違いがあった。

寛政七（一七九五）年正月、「学校中へ」の達には、「学問は人の人たる職分を尽くす儀ニ候、臣子としては忠孝の実を好ミ、節義を嗜み候を真の学問と心得べく候、仮令数万巻の経史博覧強記し、講説はいかほど巧ミに有り候ても、其の実行に薄きものハ、却って風俗を破り候間、其の段能々弁別致し相慎むべく候」と、前置きした後、次の内容の四ヶ条を達した。

①文芸のみに耽ける者は、本業を外れ害を及ぼすので、文芸のみを学文と心得、実行しない者は、才学に秀でていても擢用しない。

②学校は、礼儀第一の場であるので、尊長の崇敬は勿論、同輩も遜譲を以て交わるよう指導すること。

③師員は、子弟の教育を専らにし、自己の読書・作文に耽り、職を疎かにする者は退役とする。

④学文が進み、礼儀正しく、才幹ある者は擢用する。

万巻の書に単に通ずるのではなく、忠孝・節義を実行することを教え、学ぶことこそが真の学文であるとし、「知即実行」「知行合一」を基準として人物の器量を量り、用いるとした。

実行重視は、重豪の重視した学文軽視に繋がり、また、それによる抜擢人事は、家格と役職との不整合を生じさせ、幕藩制的階層秩序が崩壊することになる。

重豪は、この点を、自らの政策否定と認識し、また、これによる混乱を危ぶみ、徒党禁止の幕府法違反を表に立てて、進行中の斉宣の改革を根底から覆し、重豪の敷いた路線へ引き戻した。

文化五（一八〇八）年六月、家老中へ次の達が出された。

領国中風俗の儀に付いては、先年以来度々申し渡しの趣有り候え共、比日ニ到り其の詮もなく、城下ニても向々与を立て、元来同じ朋輩の事に候処、他与の者ハ他所の者の様に相隔て候風儀有り、年若の面々夜行辻立等の儀も相止まず趣相聞こえへ、畢竟右通りの風俗宜しからざる所より全体一和致さず、党を結び候事ニも成り立ち、仕置きの妨げニ相成り然るべからず事に候、之に依り大身少身共第一兼ねて定め置き候作法を相守り、分限相応夫れぞれ身分を慎み、専ら国中静謐の儀を心掛け、一統ニ和熟致し、若輩の者共ニも喧嘩口論は勿論、徒ニ夜行辻立等禁止の趣、其の外言語・容貌等の儀迄も申し渡し置き候通り忘却致さず堅く相守り、屹と風俗立ち直り候様取り計らい、受持役々ニも緩疎なく諸取り締まり行き届き候様心掛くべく候、此の上万一相背く者も有り候ハヽ、屹と咎目申し付け、就中党を与み仕置きの妨げニも相成り候者有り候ハヽ、其の身は厳科ニ申し付け、親兄弟共ニも大形の軽重に依り相当の咎目申し付くべ

く候

右史料中の「与」は、元々同輩が他の与になると他所の者として見られる、とすることから相中と同意であり、そのような与が多数あったこと、年若の者共の夜行辻立等は止んでいないことが分かる。この与が下地となり党を結び仕置きの妨げとなるとしており、その是正のため、身分・格式の序列を守り静謐を心掛け、若輩共の悪行禁止、言語・容貌などの申し渡し事項の厳守による風俗の立ち直りを命じると共に、受持役々の取り締まり方を命じた。これに違反する者は咎とし、特に結党については厳科に処するとした。

さらに翌年正月には、懇意の者同士の自宅の寄り集まり・夜会での会読や武芸稽古は、家柄の者が自宅で指南を受ける以外は一切禁止し、造士館・演武館での学習・稽古を命じ、両館関係者は十分これを心得て取り計らうよう厳命した。

右は、家柄の者を除く個人宅での集会を禁ずることにより、造士館・演武館以外での教育を認めず、両館への求心力を強め、統一された教育方針により教育効果をあげようとしたものである。

このことから、重豪の教育方針は、家格による上下関係を明確にし、それに相応しい教養礼節を身につけた幕藩制的家臣団を、城下士を中心にして作り出すために藩校教育を重視することであったのであり、薩摩藩の伝統的咄相中による教育、郷中教育は、むしろ阻害物であると意識されていたのである。

3 重豪期の教育の実態

(1) 造士館の教育

「都化策」と「藩校の創設」は、重豪の風俗矯正策の両輪であった。藩校教育で幕藩体制に適応する武士としての学識を身につけ、「都化策」により薩摩の「国風」から脱し、他藩にも通用する人物となることが意図されていた。

しかし、「都化策」は単に風俗の乱れを引き起こし、武士の惰弱化が進んだだけであった。他の一輪である藩校も、意図通りの機能を果たしていなかったことは、二才の行状に変化がなかったことが証明している。

なぜ、藩校が二才・稚児を教化できなかったのであろうか。

藩校による教化を云々する前の、学文に対する薩摩の風潮がそもそも問題であった。『斉彬公史料』・『忠義公史料』の編纂者である市来四郎が、「文学ノ心掛アル者ヲ蔑笑シ、青表紙ヲ被リテ軍ニ出ルヤト謂ヒ、或ハ誰某ハ学者ナリト軽蔑」したと記述し、自らも、「私などが十七、八才計りの時分は、学問を為るには友達抔には隠くして学ぶと云ふ様な風習」を体験した、としている。学文を心懸ける者は全て同様であったのであり、他藩に比べると無学文盲の者が多かったのは当然であった。

武士の父兄が子弟に対する教訓は、「士タル者ハ軍ニ出、御馬前ニ於テ討死シ、忠勇ノ芳名ヲ後世ニ残セ」「廉恥ヲ欠クコト勿レ」であり、忠勇・尚武が尊ばれた。このため、「文盲蒙昧ニシテ義理ニ達セス、世務ニ通セサリシ」が、斉彬前の薩摩武士一般の状況であった、と市来は指摘する。このような教育環境で育つ二才・稚児が、造士館が創設されたとしても、そこで学ぶはずもなかった。

造士館は、城下士・郷士は勿論、家来・寺家の者の末席での聴聞、学文に志の厚い末々の者の講義出席を許し、士の子供の素読は勝手次第と、意欲のある者へは広く開かれていたのであり、選抜された者だけが学ぶところではなかった。

『伯爵山本権兵衛傳』には、造士館に通う稚児について、「方限内の一定の場処に集りて三四十人の一団を成す、之を二列に組み二才五、六人其列に附属して保護監督す」と、三十〜四十人が集団で造士館へ通っていたとする。

しかし、玉利喜造氏は、一門・門閥の子弟は造士館に出て学び、「他一般の城下士族の子弟は郷中に出て其の造士館に出るもの僅少なりし」と、記している。

幕末期でさえも、一門・四家の面々および無役の寄合・諸士への入学命令が出され、さらに窮士救済として勘定所書役などに就役する者の就学を義務づけ、また、稚児の藩校出席に対し救助米を六カ月間与える制度を設けるなど、種々の就学増加策を採っていることを考えると、就学者は少なく、玉利氏の指摘が正しいと思われる。

郷中ごとの集団登下校があったとすれば、斉彬の郷中改革以後のことであるが、これが一般的であったかは疑わしい。

重豪期の就学状況を『本府学宮講堂記』は、「府下の諸生来学者日に相属《あいつづ》く也、乃ち四書六経の読みを与える、其の中戸外の履は常に満ち、読誦の声絶えず、嗚呼亦盛んと云うならん」と多数の就学者があったとするが、先の学文に対する風潮からすれば事実と異なり、造士館に通うものは少なかったのではなかろうか。

なお、造士館での教育は、「偶々（造士館へ）出ましても、経書一通を学びて、山崎派なんどの学風を好む者は異端曲学と云ふ程でござりました」と、市来が言うように、講堂の講義のみでは教えられることは少なく、むしろ、自ら学び取ることが重要であった。

天保七（一八三六）年九月より造士館で学ぶ出水郷士河添行充の「学寮日牒」によれば、学びの形態は多様である。整理すれば、①師（直月）への謁見、講堂および師個人の講義への出席、会読など、②講堂での講義―孟子（森氏）、③軍書読み、④会読―小学（寮中）・孟子・中庸・論語・十八史略、⑤予習（下見）―論語・孟子・中庸、⑥素読―書経・春秋・近思録・史記・左伝、⑦書読―十八史略・唐詩選、⑧復習（復読）―近思録、⑨会読式日―論語・小学、⑩詩作、⑪試業（試験）―孟子、などになる。

講堂での聴講の外、予習・復習は当然であるが、師（直月）個人の講義・会読への出席、寮仲間との会読など多様の学習の形態がある。これは、いずれも強制されたものではない。「朝、友野氏を師と頼み素読開始」とあるように、個人的に師と頼み素読をしており、自分で学ぶ意欲がなければ、学文は進まない仕組みである。

河添の一日の様子を若干窺ってみよう。

（十月四日）今日直月へ謁見いたし候、夫れより講堂へ講義聞きニ差し越し候、友野勇介様御講義ニて候、八ツ後小学会読有り、下拙講じ候、夫れより横山氏へ講義聞きニ差し越し候、今日より史記素読はじめ候、晩ハ孟子したみいたし候、四ツ後寝居り候事

（十一月四日）今朝友野氏へ素読ニ差し越し候、四ツ時、直月へ謁見いたし候、七ツ前より市へ差し越し候、夫れより宮内殿も解読ニ差し越し候、夫れより横山氏へ講義聞きニ差し越し候、晩ハ夜明け前迄彼是の書読み居り、一時寝居り候事

（十二月四日）今朝友野氏へ素読ニ差し越し候、昼無事、晩ハ詩制作いたし候、九ツ半時分寝居り候事

息抜きの市見物もあるが、朝から夜まで、学文漬けの日課である。これは自分から寮の同志・師へ働きかけ、また学習を自らに課しているからこそ質の濃い学習が可能になっている。まさに、自律心と一定水準以上の学力を持ち、向学心に富む若者集団が切磋琢磨する環境があってこそ、修学の実が上がるのである。

市来が「文武の修業ハ我一身ノ覚護（悟）ニて身ヲ立、家ヲ起スノ気アルモノハ、令セストモ修業スヘシ」と喝破しているとおり、自ら立てた目標達成のため努力する覚悟が重要であり、命ぜられ、または救助米のための就学では、教化の実が上がらなかったのも当然と言えよう。

（2）二才の行状

二才などの言語・容貌が改まらなかったことは、先に見たとおりであるが、行状はどうであったろうか。

造士館創設前の明和七（一七七〇）年、「郷中外の者ハ中途ニて行き合い候節も、或は誇り、雑言等申し掛け、又は衆道の儀共は二才中の腕立ての様ニ心得違い（中略）右式の儀ニて喧嘩ニもおよひ、無体ニ若輩者をも討ち果たす」ことを、厳罰や親兄弟の教導により防ごうとし、創設後も「頃日、時と名付け、多人数異様の体ニて徘徊致す」（安永三〈一七七四〉年）ことや「組中若キ面々徒の群衆破磨投げ等、且つ末々の者共迄、辺鄙迚も故無く相集まり候儀、又は物参り」（安永七年）といった集団行動の禁止令を発した。

文化元（一八〇四）年「斉宣達」には、この禁止令以後、二才の喧嘩口論・夜行・辻立は止み、風俗は立ち直ったが、最近は又元の風俗に立ち戻った、とある。

右の「達」のとおり、二才の行状が重豪期には改まったように見えたとしても、それは藩校による教化のためではなく、厳罰を恐れたために過ぎなかった、とする方が正しい理解であろう。

先学の研究では、咄相中が方限中の二才・稚児全員加入の郷中へ画期的変化をとげるのは重豪期であるとされる。「稚児掟」が制定され、郷中の単語が法令中に出てくるのはその証であるかのようである。

しかし、「稚児掟」が平・高見馬場両方限で同文で同年に制定されていることの疑問から、同年制定や内容に問題があるとした。疑問の付いた史料を証明の根拠にできないことは「連署掟」・「格式条目」の検証のところで述べたとおりである。

また、重豪の風俗矯正の目的・方針は、「開化策」・藩校創設による教育によって、幕藩制的家臣団を作り上げることにあったのであり、それ以外の教育を否定した。与＝咄相中＝郷中教育は重豪の政策遂行を阻害するものと捉えられた。

このような状況下に咄相中が稚児までも含む郷中へ整備されていったとすることは矛盾してい

る。しかし、咄相中そのものがなくなることはなく、存続し、二才集団の悪行も改まることはなかった。

したがって、明治政府下で高位高官に昇った人々による回想談に出てくる教育団体としての郷中の成立は、重豪亡き後、天保以降であると考える。

五　斉彬期の郷中教育

1　先学による斉彬期の郷中教育理解

郷中教育が斉彬期に刷新され、郷中教育の完成期を迎えたということについては、先学すべてに共通する理解である。

『鹿児島県教育史』（昭和十五年刊）は、郷中の刷新について「近年士風の頽れたると共に郷中も紊れ来たれる風ありとて強く之を戒め且つ番頭及び父兄等が之を等閑に処し居るを歎かれ以後斯かることなきやうにと注意を喚起される所があった」と、士風の乱れを戒める訓諭が出された結果、「各郷中共今更の如く恐懼し、或は規約の修正をなし、或は新規制定を行ひ各郷競って気風の立直に当らんことを誓った為、一時衰廃に陥っていた城下子弟の風紀は次第に緊張を見るに至った」とした。さらに「立直後の郷中」では、郷中刷新の布令により郷中の面目を一新するに至ったとし、各郷中が共通に努力実施した主な事柄は、争闘喧嘩の防止（稚児外出の時は二才が監督引率）、読書・習字の上達（稚児の早朝素読・家庭での「日新公いろは歌」暗誦・二才の四書五経への精通・軍書輪読等）、武術稽古・運動遊戯による身体鍛錬、④「幣立《しべたて》」などによる胆力養成、⑤「詮議」による判断力養成、⑥自治制裁の厳（不服従、掟違反者の吟味と義絶を含む処罰）、であったとし、これらを実践するため、稚児・二才それぞれ所定の日課や式日・式夜が定められていたとする。

以後、斉彬期の郷中教育に触れる主な著書である『郷中教育の研究』『鹿児島市史』『薩摩の郷中教育』『郷中教育の歴史』は、行論・表現の違いはありながらも、基本的には『鹿児島県教育史』を踏まえたものになっている。

しかし、この著書などには、①斉彬襲封直前の士風・風俗などに対する施策と実態の検討不足、②斉彬期における稚児・二才の実態検討不足、③斉彬期の郷中教育と人材養成との関係についての検討不足、などの問題があり、これらを明確にすることにより、初めて斉彬期の郷中教育についての評価が可能になるであろう。

2 斉興晩期の文武振興策と郷中の実態

天保八（一八三七）年、山川へイギリス船が渡来し、また、弘化元（一八四四）年以降、琉球へ英米仏の船が外交・交易を求めて相次いで渡来するなど、薩摩藩は外国の圧力をひしひしと実感し、これに即応する防備体制の再構築が必要になった。

郡奉行安田助左衛門は、軍役方惣頭取海老原宗之丞から軍備強化のあり方についての建言を求められたのに応じて、上申書を提出した。

上申書では、今度の諸改革や高改正は、藩主自身「ハマリ」になり、家老以下諸役場も「ハメ付」ているので、十に八、九は成就しているが、さらに、完全を期す配慮をするとの趣意に、諸士一統は有り難いことと深く感じている、とした上で、配慮すべき事項を、次のように建言している。

①文武奨励による風俗一新　懶惰の風を直し、士気を奮発する方法として、文武修行により風俗を一新するということは誰もが考えるが、単に文武修行令を発しても効果はない。有志の者、若輩は聞き入れても、文武両道を打ち捨てている壮年以上の者は、命令に従おうとしないからである。したがって、全体が鼓舞踊躍する関狩や士躍りを最初に実施し、士気を勃興致させた上で、文武修行へ導くべきである。

②勲功のある絶家または零落家の再興　吉貴期に、武功の家が困窮しても特別に救済することはしないとしたため絶家・零落した家を再興させる。これにより武功の重要性を再認識させ、士気が昂揚することに期待する。

③人材の抜擢登用　抜群の逸士は挙用する。

④給地高改正　知行高は、先祖ノ勲労・家筋・勤め場の高下によって与えられ、家格により所有高の制限があった。しかし、知行主と知行高が混雑し、軍役も務められない者もいる。知行高改正により軍役負担に耐えられるようにし、知行高の大切なことを心得させる「仰出」しを出すべきである。

⑤役職の人選　調所笑左衛門の外に、人望があり篤実重厚な家柄の人物を要職に当て、大目付も人望のある人物でなくてはならない。

この上申はすべて取り立てられた、と安田は記している。

さて、右の安田上申書の核となるのは、軍事力の基盤である給地高=軍役高の改正と、士気の振作、である。

（1）給地高改正

給地高改正が必要になるのは、薩摩藩の知行地は売買可能であるということに原因がある。質入れ、売買により家格に応じた知行高所有が維持されず、高上がり制限以上の高所有者や逆に空洞化した高所有者も多数おり、軍役負担に耐えられない家も多かった。

すなわち、実質的に高を持ちながらも、帳面の操作によりごまかすことも行われていた。安田の上申書には、「内々ニテ過分買い入れ居り候え共、表向きハ小高ノ筋ニテ御役料等申し受け、不埒ノ処御呵り有り」とあり、先出の久保の指摘にある事態が、現実に蔓延していたのである。

これだけではなく、「借金返済又ハ利払いの方等へ内々ニテ所務相請け取り候儀、且つ高上がリ御免無き筈ノ者、内々ニテ高相求め置き、別人名前ニテ召し置き、所務米請け取る」あるいは「自分持高並びに買い取り置き候高、内々ニテ脇方へ名前頼み置き候も有り候」とあるように、高は借り主に残し、所務米＝納米（年貢など）のみを受け取ったり、高上がり制限以上の高を所有し、それを隠すための名義依頼もなされるなど、法の目をくぐって富裕者の蓄財がなされていた。

幕藩制下の軍事力は、家格・知行高・軍役がそれぞれ対応するのが前提である。そのため、「諸士給地高の儀は御軍賦の根本」ということに立ち戻り、一所持・一所持格（三千石）、寄合（二千石）、寄合並（一千石）、小番（三百石）、新番（二百石）、御小姓与（百五十石）、郷士（五十石）の高上がり制限高に改定し、超過する所有者は元の持ち主へ返すか、売却させ、持高に応じた軍役を可能にさせるのが給地高改正の趣意であった。

弘化四（一八四七）年十一月、給地高＝軍役高改正令が発布され、同十二月、その掛として、数十名の与頭中から、衆望のある川上久美・川上久齢・鎌田正純・喜入久高の四名が任命された。

給地高改正は、高上がり制限を超した高所有者にとっては、不利益になるものであったから、それを避けようとする不正の動きが予想された。それを摘発するため、十二月、川上五後右衛門外九名が「聞合」（横目）に任命され、不正の有無取り調べに当たった。

事実、給地高改正が発せられると、それを逃れるための動きが出てきている。

「御法通り買い円め候面々、本高主又ハ高上がリ等相済むべき向へ高代年府（年府ハ年割之通語＝年賦）入れ付けの取り組みニテ譲渡の内約致す者」がいた。これは、翌年二、三月までに完全な譲渡がなされ、軍役負担ができる体制を作ることが求められているのに反した不正である。また、給地高改正は手続きの煩雑さから、完了するまで時間が掛かり、途中で頓挫すると見越し、「御改正の儀ハ漸時の儀ト相心得、高名前相頼み置き、追っテ自己の名前ニ相直すべきトの含みニテ、其の間名前預かリ置き候儀ヲ申談じ候者モ有り」と、形だけの譲渡を計る者もいたのであり、このような違反者の高は、没収することになった。

特に問題になるのは、郷士・門葉の家来・農工商より城下士になった「召し出され者」である。彼らは利にさとく、献金などにより身分・家格を変えた者達であり、高上がり制限を超した高を所有していた。それを摘発するため、取納先（年貢などの請取先）を調査するように郡奉行に命じていたところ、「庄屋又ハ百姓方へ取納先取り繕い申し出呉候様頼み入れ候者も有り」と、庄屋・百姓と結託してごまかすことも行っていた。違反発覚の時は、高没収と共に、身分についても問題にすると脅している。

このような不正行為が予想され、また、現実のものとして聞こえてきたため、諸士の手本ともなるべき大身の者に対し、「此の節、給地高下直（値）ニ相成り候ヲ幸いニ買い入れ方有り候テハ風俗ニモ相掛かり、御聴に達し候節不都合相成り候テハ然るべからざる事に候間、限月内ハ、仮令高上がリ等御免成され候向きモ買い入れ方勘弁有るべく候」と、通達している。高直しの制限に達していない大身へ、高の購入を控えるように指示しているのであり、安値の高購入が、風俗、さらには士気に関わることになるからである。

すなわち、富家による過当な高の買いあさりが、給地高の乱れを引き起こしていることから分かるように、その根底に利の追求があり、それは士気・士風の衰えの表れでもあった。

給地高改正による軍備強化のためには、文武二道の振興、すなわち教育による士風の立て直しから始める必要があった。

（2）士気の振作

弘化四（一八四七）年十月、次のように仰せ出された。

異国方御手当の儀以前ヨリ定め置かれ候え共、段々不連続の儀モ有り急速の出張等調いかね、勿論天保の度　公儀御触れ渡しの通り蛮夷の諸国ハ専ら大砲等相用い候に付、和漢戦闘の向きトハ相変わり、殊更当時の御手当ハ古来ヨリノ御国風ニ相背き候廉モ有り、旁ら以て　思し召しニ叶わせられず候に付、多年御工夫遊ばされ　大中様第十五世貴久公　貫明様第十六世義久公　松齢様第十七世義弘公御時代の御軍法ヲ基本ニ致シ、一家の流儀ニ相泥まず、何レモ宜しきニ随い取り調べ外国防御の御手当全備致し候様取扱い致すべく候、左候ハ猶又御直の御差図遊ばさるべき旨仰せ出され候

平和時の飾り物とも言われ、実戦向きでない甲州流軍法から、貴久・義久・義弘時代の軍法を基本とした合伝流を御流儀として採用して実戦に備え、さらに砲術では成田正右衛門を指揮に当たらせた。

これより前、同年七月より海岸防備掛・御流儀大砲掛の任命、大砲の鋳造、砲術稽古場の新設が進められ、人の配置と武器・調練場の整備がなされていた。軍役方の新設はその仕上げであり、軍役方名代島津山城・島津内匠、副名代島津豊後、軍役方惣奉行調所笑左衛門、同取次二階堂志津馬、同副頭取海老原宗之丞などから諸書役まで軍役方掛が任命され、翌、嘉永元（一八四八）年、次のように仰せ出された。

旧冬国許に於いて海岸防御の儀申し付け、専ら大中様・貫明様・松齢様御代の御旧法ニ基キ改正致し候儀、御軍法のみならず其の時分忠厚の風俗兼がね慕い奉り候に付、今般御廟御造営等取り掛からせ候事ニ候、然れハ海防手当向きは何ほど行き届き候共士気衰弱ニ有り候ては用に立たず、士の儀は平日礼譲を嗜み、律儀を守り、文武の心得なき候ては、異変の期ニ臨ミ不覚未練の振る舞いも有るべく候条、兼ねて廉節を闕かず儀を第一ニ心掛、武士の本意取り失わず儀肝要ニ候、勿論数百年来太平の化ニ浴し、自ずから世上驕奢遊惰の習俗相成り、別して嘆かわ敷次第ニ候間、以来一統相励み、面々質素節倹を用ひ、分限相応武器等用意致し置き、外寇の隙を伺ひ候砌柄の事に候条、万一不慮の儀有るに於いては速やかに出張忠勤を尽くシ、家名を墜とさず様常々心掛くべき儀専要ニ候、若旧染を改めず不埒の所行有るに於いては屹と沙汰に及ぶべく候、此旨篤と申し聞かすべく候

貴久・義久・義弘期の風俗を慕う気持ちがあるため、軍法を旧に復した。また、制度・設備が整っても士気が伴わなければ用に立たない。士気を高めるには、礼譲・律儀・文武を心得、武士としての自覚を高めることが大切であるが、長年の太平により驕奢・遊惰の俗習に染まっているので、以後は節倹に心懸け、忠義・奉公の道に立ち返ることことを求めているのである。

武士の基本的嗜みを強調しなければならないほど、人の養成とその基礎である文武の修練が課題

となっていた。このため、藩の以後の指導方針は、軍備の充実、とりわけ士気の振作に向けられた。

軍役方の設置後、全領にわたり武器および軍役出動可能人数の確認調査が実施された。

軍役方小姓与番頭である鎌田正純は、独自に、知行所から家来を鹿児島へ呼び、武術・武器の稽古に当たらせ、また知行所へ武術師範を派遣し、家来の稽古に当たらせており、士気を高めるという藩の方針を、忠実に実行している。

上級武士のこのような動きに重ねて、同年十月、吉野原の調練を実施し、翌年、藩主斉興は、大隅・日向地域への巡検の途中、福山牧内での砲術調練をはじめとする各郷での武術訓練などの視察を行い、城下・諸郷での武の振興と士気の向上を図った。

では、武士養成のもう一つの柱である、文の面の実情から検討しよう。

家柄も良く、高い目的意識を持った上級士の場合はともかく、多くの上級士ですらも不学が一般的であった。天保十(一八三九)年の達に、「家柄の面々心掛け薄く、成長の後は遊芸ニのみふけり、御用に立つ者なく候」との事実が、如実にそれを物語り、これを改めるために、二、三代も家格相当の用に立たない場合は、家格を下げ、知行を取り上げる、との脅しにより学文・武芸の修行を励行させる状況であった。

恵まれた環境にある上級士でもこうであるのだから、経済的にも恵まれない平士以下の学文の程度は予想でき、風俗の悪化も当然であった。

具体的事例を、『鎌田正純日記』により示そう。

①櫨の木ばゞニて帰りニ、与力・足軽共、拙者共通り候折り、不図石をなげ候
②去ル十八日夜、野月荒田ニて、小二才衆猥りの体ニて、多人数徘徊いたし候
③六組支配下の者共、酒食等故無く取りはやし、猥りケ間敷く候
④此の比一統酒・焼酎等取りはやし、とりわけ年若・二才揚がりの面々猥りの風俗相聞こえ、然るべからざる事

身分格式を弁えず、上位者への無礼・不敬の行為、酒食を取りはやし猥りの振る舞いに出る者がいた。特に、二才などは多人数での夜行徘徊、飲酒の上での猥りの振る舞いなど、風俗の悪い者が多かった。

この状況に、藩は度々、文武の奨励・風俗取り締まり令を出すことで対応していたが、さらに、踏み込んだ指導をしたこともある。

斉興が演武館でのかけ声がないことを、「士風衰え、諸稽古事等も取り止め候わん」と心配し、そのことを家老へ問うたため、郷中で指導的立場にある九名の二才を城中に呼び出し、稽古に励み、年配者よりの沙汰がなくても出精すること、また、学文も同様であると申し渡した。

容貌については、次のようにある。

容貌の儀は身分に応じ、それぞれ年配相当に髪・月代・衣服を正しく、毎朝未明に整えるのは当然である。しかし、髪形は相応であっても結い様が不頓着の者もいる。武士たる者、第一に内に強勇を含み、外見は温和《おとな》しい身形をし、律儀を守ることがあるべき姿であるとし、「麁暴軽薄を強勇の様心得」るような習俗を、厳しく批判した。しかし、また一方、江戸風など藩外の華美な風儀も好ましいものではないとし、「容貌・言語共相応ニ、何国ニ於いても御国風を失わず様心掛け候儀題目ニ候」と、藩外で通用する、無礼のない風儀でありながら、「国風」をなくしてはならないとした。すなわち、藩の意向は、士身分の中でも格式の差を明確にし、その格式にふさわしい見識を養い、礼儀を身につけさせることであった。

容貌・風俗の立て直しはその第一歩であった。しかし、藩が「仰出」や「達」を出すだけでは風俗を立て直すことが無理であることは、幾度となくそれが出されていながら、実現できなかったことが証明しており、実現のためには、藩士へ徹底させる方法・手立てが重要であった。

藩士への文武奨励や風俗取り締まりは、御小姓与の場合、番頭・与頭―小与頭―与士という藩の統制・支配組織を通して伝達・実施されるが、直接その任に当たるのは、与士の実態を知悉している小与頭である。

しかし、小与頭は実務の執行者であり、独自の裁量により奨励・取り締まりを行うことはなかった。それを行うことができるのは、三～四の小与を束ねる与頭であり、与士へ藩の意図・意向を徹底させうるかどうかは与頭の力量に左右された。

一番与小与一番～三番の与頭である鎌田正純を例に取り、見てゆく。

藩が意図する文武奨励、風俗立て直しのための与頭の活動は、与頭が共通して行う活動、いわば義務としての活動と、独自の裁量による活動がある。

前者には、角入・前髪取り見分け・容貌見分け・毎朔の御条書弘め方・「仰出」の伝達などがある。角入（半元服）・前髪取り（元服）の見分けは、実質的には小与頭が見極めたものをさらに与頭が見極めるのである。元服により諸役所の書役助などに就役できる資格を得ることになり、下級士の子弟にとっては生活が懸かっていたため、これは統制の梃子になった。

容貌見分けは、年二回ほど二才に対して行い、見分けの後、種々の教諭が与えられ、毎朔の御条書も鎌田が城中で拝聞の後、支配下へ読み聞かせている。

「仰出」の伝達は、小与頭を呼び出し、伝達事項を書付にして渡すなど、細かな配慮をしている。

後者は、与頭の人柄・力量により差が大きいと考えられる。

鎌田正純の行っていることを挙げると、（一）与士や子弟との頻繁な接触による細やかな指示・指導、（二）学文指導、（三）郷中活動の点検、などがある。

（一）は「上井甚蔵殿・飯牟礼八郎入来、四ツ時分迄相咄（中略）風俗等宜しき様万事心入れあるべき旨委細に達し置く」あるいは「(種子島)正八郎・(税所)悦之進ニは拙者組小与頭ニて二才咄ニも出会いの衆故、西田方郷中一体の風俗宜しく、学問・武芸等相励み、追々上様御用ニ罷り立ち候様ニとの意趣巨細申し含め候処、各納得ニて、五ツ半比迄相咄罷り帰り候」とあるように、来宅の機会を捉え、また、郷中の二才咄に出ている小与頭をわざわざ招き、学文武芸の奨励、風俗取り締まりについて時間をかけて話し合っており、単に上意下達的な形だけのものではなく、武士の心得などについても懇諭したと推察される。

(二)は「毛利理右衛門丈相頼み講義相初め候(中略)外ニ聴聞人数西田方二才衆段々来会ニて候」と、鎌田が師と頼む毛利の講義を二才衆にも公開し、造士館での教育に積極的でない二才にも学ぶ機会を与えている。しかし、この会は継続したが、二才衆の参加は芳しくなく、二才の学文への関心の薄さが現れていた。

(三)は「西田方示現流内稽古星帳月々見届け候筋相究め、跡月星帳先日差し出され候に付見届け(中略)星帳へ支え多き面々は別段沙汰いたし置き候」、また「西田方郷中示現流内稽古星帳持参ニて候に付、一統油断無く出精あり候様、その外風俗沙汰等、旁ら巨細申し諭し置き候」と、剣術稽古の出席状況を点検し、不出精者には別段注意を与え、また、星帳を持参する郷中の指導的立場の者からは、郷中の状況ついて報告・相談がなされ、鎌田は風俗などについても細々と諭している。

このような鎌田の努力は、次第に報われつつあり、士道嗜み、風俗正しくとの達しに対し、西田郷中では、「一統申し諭しあり、汲み受け宜しく、式夜等も相重め、即今晩より桂岩次郎様宅へ座元相付け候間、拙者ニも一刻出席致し、尚又一統へ申し諭し呉候様承り候」と、式夜の回数も増え、真剣に取り組んでいく姿勢が出てきた。

しかし、城下士全体としては、まだこの姿勢ではなく、二才などの粗暴な行為や風俗の悪さは依然として残っていた。

3 斉彬の登場

(1) 襲封への道筋

嘉永四(一八五一)年二月二日、世子斉彬は四十三歳で父斉興の後を襲って藩主になった。これより先、弘化三(一八四六)年、斉興は斉彬を帰国させ、外圧に備え海岸防備などの指揮を執らせることを幕府へ願い出た。

幕府も、当時、抜群に外国事情に明るく、英名高い斉彬に期待し、老中を藩邸へ遣わしこれを許した。また、帰国のお礼に登城した斉彬へ、将軍自ら懇ろに琉球の対応方を委ねた。この時、斉彬は三十八歳であり、年齢・識見も十分で、周りからは早く藩主となることが期待されていた。

しかし、斉興は藩主の座を譲る気配も見せなかった。愛妾ゆらの子を藩主にしようとする動きがあったからである。

この事態に、一部の藩士は盟約を結び、斉彬の藩主襲封へと走り出した。斉彬自身も腹心の士を用いて収集した情報を参考にしながら、あるいは血気にはやる若者を唆し、あるいは人物を見極め仲間に加えるなどして批判勢力を増し、さらに、薩摩藩の秘事を幕閣へ漏らし、公儀よりの圧力を高めて藩主交代が進むことに期待した。斉彬一派の批判は、直接斉興に向けられたものではなかったが、結局は斉興隠居、斉彬藩主襲封を求めるものであった。

斉興は、嘉永三（一八五〇）年三月、斉彬一派の動きを封ずるため、死罪・遠島を含む大量処分に踏み切った。「おゆら騒動」「嘉永朋党事件」と呼ばれる内訌事件、お家騒動である。

藩の反斉彬一派の追求を逃れた諏訪明神祀官井上正徳は、重豪の第九子が藩主であるという縁を頼り、福岡藩へ出奔した。福岡藩は、脱藩の罪の軽減を条件に、井上の引き渡しを求める薩摩藩の要求を拒否し、藩主主導のもとに近親の中津・八戸藩主、斉彬と親交のある宇和島藩主伊達宗城と共同して、問題解決を斉興へ働きかけ、効き目がないと知ると、藩主の座を巡る争いということを隠し、斉興隠居、斉彬へ藩政の実権移譲を公儀の力により実現させるため、幕閣の阿部正弘へ働きかけた。

斉興は、隠居する気は全くなかったから、その実現のためには、幕閣が藩執政者の失政を問題とし、その上で、藩主の責任を暗に問うことにより隠居させるという形が望ましく、その失政は、幕府が口出しできる内容であることが肝心であった。

琉球警備などが、幕府への報告と実際とは異なっていることは、失政を問うのに格好の材料であり、この圧力でも隠居を拒否した時は、「只今の内退隠なくてハ、如何様気の毒なる事に相成るべくも計りがたき」と、公儀権力の発動もあることを匂わせ、隠居を強要することになっていた。

また、藩主交代は自然になされたと見えること、斉興隠居後は藩政への影響力を完全になくすることが重要であった。そのため、嘉永朋党事件で処罰された者でも、斉彬が襲封しても、すぐさま赦免されることはなく、斉興も江戸に留め置かれ、帰国は認めないことになっていた。

この斉興隠居への筋道ができた嘉永三年十二月三日、江戸城において将軍手ずから斉興へ朱衣肩衝の茶入れを与え、治世を賞した。

翌年正月二十九日、斉興隠居、斉彬の家督が願い出され、二月二日、許可された。

右の経緯を経て、斉彬は藩主として登場した。しかし、儒教を教学の中心に置き、忠孝を思想善導の基礎とする江戸時代では、どのような理由があるにしても、他の力を借りて父親を隠居させ藩主となったことは、武士階層は勿論、百姓・町人へ忠孝を勧めるのには甚だ具合が悪かった。

そのため、儒教倫理に反する行動を帳消しにして、しかも、自らの政策への支持を得るためには、斉彬が領民全体の崇敬を受ける人物として登場する必要があった。

斉彬の初政、三升重出米の免除・城下諸士八十歳以上の老齢者の褒賞・蔵米の安価払い下げ・米金賜与による城下貧窮士救済・微行による民情視察・大赦令などにより、治徳の藩主・宗信の再来との印象操作が行われたのであり、「大旱ニ雨露ノ沢ヲ蒙リタルカ如ク、上下気色ヲ顕ハシ歓躍ノ声街衢ニ喧シク、神明とト同シク尊重シ奉レリ」あるいは「夜ナ々々男女御城下ニ遙拝スルモ多カリシト、或ハ御楼門ニ賽銭ヲ捧ゲタルモノモアリシト」と、神仏への絶対の信頼と同様な効果があった。この信頼は、斉彬が以後の政策を遂行するのに大きな力になった。

（2）二才の実態

では、絶対の信頼を得た斉彬は、士風・風俗の立て直しにどのように取り組んだかに論を進めよう。

まず、当時の武士・二才を斉彬はどのように見ていたのであろうか。

第一は、上級士から下級士に至るまで不学の者が多いということである。

安政元（一八五四）年、家柄の面々は重役にも就くのであるから愚痴文盲では勤まらないとし、造士館での学文出精を命じているが、同四年の「造士館学風矯正之御親書」でも、「士分以上ハ学問致さず者多ク、故ニ義理ニ昏ク、正心修身ノ実行なし、利欲不当ノ行いモ有り候故、家政向き乱レ、士風も正シカラス、役所相務め候者共ニモ、夫々仕向きノ条理ニ昏ク、緩急軽重ノ時務ニ疎ク、義理ノ節合ヲモ弁えざる様子ニ相見え候」と、不学に対する現状認識は同じであった。

このため、武士は酒食・遊興の集会を開き、賭勝負などに熱中することにもなるので、無用の他出や集会を禁じ、文武の見分けをするよう度々命じた。

第二は、二才の粗暴な行動が、依然として止まないことである。「近年諸士の風俗宜しからず、聊かの事より争論に及び、竹木を以て打ち合い、郷中集会等も不行儀の向きも有り」、さらに「近年諸士若年ノ者共ノ内、途中に於いて行きずり等ヨリ事起こリ、争論に及び法外ノイタシ方毎々有る由相聞こえ、士道ニ有る間敷卑劣ノ仕方ニテ、甚だ以て然るべからざる事ニ候（中略）口論ノ基、大形ハ年若の面々身持ちの慎み薄く、途中又ハ何ソニモ付、他ノ方限入り交じリ候場所ニテ、猥リニ無礼ヲ言い掛け、仕掛け候儀ヲ手柄ノ様心得違い候習俗相成り候処ヨリ怪我候儀度々有り候」と、捉えられていた。

無礼を働き、喧嘩をすることを手柄と心得る国風的慣習は続いており、喧嘩の時も、竹木で打ち合うなど、武士の子弟にあるまじきやり方であり、士道に悖るものであった。

この状況を改めさせるため、容貌見分けなどの節に教示し、または二才を方限ごとに与頭宅に呼び、与頭より納得のいくよう手厚く申し諭すよう命じ、さらに、教示・指導に背く者がいる時は、本人のみならず、支配頭・親兄弟までも罰する、とした。

第三は、藩吏の悪弊流行である。

士風の悪化は役人にも及び、自己の繁栄のみを心懸ける傾向が蔓延し、基準不明の賞罰が行われ、隠れた賄賂が横行していた。すなわち、不学のため道理に暗く、それが士風の悪化と要路に人をえない理由であると、市来四郎は指摘している。

右のさまざまな問題の根幹に不学があり、それが武士としての自覚を損なわせ、士風の悪化に連なっていたのである。

この風潮を変えるには、士道の原点に立ち戻り、文武を徹底することが求められたのであり、斉彬は、城下士のみならず、郷士までにもそれを徹底させようとしていた。

武の面における軍事教育の徹底、文の面における造士館改革である。

（3）軍事教育

斉彬は帰国後、藩内の状況把握に精力的に努めた。嘉永四（一八五一）年分を示すと、六月、兵具蔵の武器見分け、七月、天保山での洋式大総連臨監、小銃師和田乗助の師範復帰、樺山伊織・末川久馬・郷原轉など小銃師範の射撃見分、八月、大砲鋳造所見分、軍備拡張を指示、演武館で城下士の弓術見分、九月、演武館で諸武芸諸流派の実技見分、諸郷の砲術操練見分・砲台検分をこなしている。

七月の天保山操練では、炎天下笠もかぶらず見廻り、操練の始終を、気を抜くことなく見守り、若輩の者共も「めっさり」の状態であった。

これら一連の軍備・操練などの視察・検分によって実態を把握した上で、翌五年から矢継ぎ早に、洋式化軍事体制への統一、実戦を想定した軍事操練、軍備の充実などの指示が出されるのである。また、斉彬は、自ら指揮し、表方勤めの者の砲術稽古を行い、側勤めの者へも、式日を設けて稽古するよう命じ、六与与頭へは、磯邸において、洋式銃陣を修練させると共に、指揮官としての心がけを諭した。

このような訓練を通じて人物の見極めが行われ、武技抜群の者へは褒美を与え、能力がある困窮者へは修行のための助成がなされ、逆に、怠惰、無能による不嗜みの者は、逼塞などの罰を与えた。このように、斉彬は単に、格式重視ではなく、能力があり、努力する者は報いられる能力主義を取り入れ、下級の者が上昇しうる道を開いた。能力と努力による上昇意欲を持つ者への援助は、学文奨励においてさらに顕著に出てくるのであり、斉彬期の特色であるエリート層の形成に繋がるのである。

(4) 造士館改革

斉彬は、学文は為政の規範であるから、その地の人情・風土にしたがって、取捨斟酌して施すのが為政の眼目であるとし、国学を基本にして漢学・洋学で補うために、儒学を教授する造士館の外に、国学館・洋学館設立も計画したが実現に至らなかった。そのため、造士館を改革し、自ら意図する学文を教授する場にしようとした。

安政四（一八五七）年十月、「造士館・演武館は、大信公御代厚き尊慮を以て御造立の処、其の後何となく衰微致し候に付、此節改めて掛申し付け候条、是迄の悪弊を改め、造士の文字に相叶い候様取り計らうべく候」として、八ヶ条が布達されるが、中心部分は、斉彬若年来の持論や、安政元年の大番頭・小姓与頭への訓令を敷衍したものである。

すなわち、斉彬の学文観、学文の意義は、「学問ノ要ハ記誦詩章ノ域ニ腰ヲ掛ルコソ無益ナリ、実事ノ学問コソ肝要ナリ、政事ヲナス者ハ現事ヲ和漢ノ事歴ニ考照シ、時勢人情ニ則リ施スヲ要トス、学問ナキ人ハ政ヲナスニ過及ばず、緩急軽重ノ弁別、人ノ善悪正邪を見分スルコト能ワス」ということにあった。

また、造士館の学文が、真の学文となっていないことについて、安政元年の訓令に、すでに、次のように指摘している。

学問ノ儀、文章訓詁ノ末ニナツミ、倫理実用ノ道理ニ昏ク候テハ、不学無識ノ者ニ同シク、無益ノ事ニ候、元来学問ノ本意ハ、義理ヲ明ニシテ、心術ヲ正シ、己ヲ治メ、人ヲ治ル器量ヲ養ヒ、君父ニ対シテ忠孝ヲ尽シ、全体ヲ汚さず儀第一ノ用務ト存候間、能々申し諭すべく候、武

道ノ儀同様、武術ノ末派ニ拘わらず、匹夫ノ勇ニ墜ちず、行儀を正シ、士道ノ本体ヲ失わず様
厚ク申し渡すべく候

造士館教育の実情は、まさに記誦文章の枝葉にこだわり、「古昔聖賢の言行を以て一身を正し、捄今日の世上に引き競へ、時勢相応の政務を執行候基本を修行」する真の学文とは、大きく隔たっていたのであり、造士館の教育を、日新のいろは歌にある知行合一の学文、すなわち、実用の学文修行の場へ変えることが意図された。

これに併行して、遊学による人材養成も勧められた。

斉興期にも、少ないながら、扶持付きの遊学は行われていたが、斉彬は、遊学をさらに推進し、特に大身子弟の遊学と、長崎・長州・大坂・江戸での蘭学修行・学文稽古の遊学を勧めている。大身子弟の遊学については、為政者としての識見を身につけるためであり、熊本藩の例を引きながら「井蛙ノ見識」に陥らないよう、他藩の形勢・人情・世態を心得ておく必要を諭すにとどめている。

しかし、後者では、遊学の具体的手立てを講じている。

まず、斉彬は遊学生の選考のあり方を改めた。

それまでは、遊学を希望する者は、造士館へ願い出、造士館の上申に基づき藩が許可することに

なっていた。これでは、造士館の学風に合わない者、あるいは、造士館へ出席しない者などは排除されるという不都合があった。

そこで、「学問巧拙の吟味ヨリ、学問未熟ニ候共、弥真実ニ修行致シ候」こと、すなわち、学文の達成度よりも修学の真剣度を重視し、困窮を凌ぐため扶持の給与を目当てにする者、詩文が達者でも今日の道理に暗い者は、遊学の効果がないとして、選考から外すよう指示した。

また、安政二（一八五五）年には、蘭学・学文稽古の者は五人単位で遊学させることにし、国元へ推薦を求めている。

蘭学通事稽古については、田布施郷士上野泰助嫡子次六郎（十二歳）をはじめとして城下士・郷士子弟を斉彬自ら人選した。また、翌三年には、稽古扶持を増やし、三人扶持として希望者を募ったが、希望者が少なく、五人揃わなくても学文稽古を認めることにした。学文稽古を許された山田荘一郎は、新番の家格であったため、前例のない六人扶持を与えることが問題になった。しかし、斉彬は問題なしとして即決しているのであり、斉彬の人材養成への意気込みが見られる。

この藩外遊学生、さらには慶応元（一八六五）年派遣される海外留学生が、新たな薩摩藩のエリートとなっていったことは、詳述するまでもない。

（5） 士風矯正

嘉永五（一八五二）年八月、斉彬は勧農をはじめとする治世の基本方針を発するが、その一項に「諸士風俗并文武之道修行之事」として、次のように達している。

諸士風俗宜しからざる時は一国の風俗乱れ候基ニ候、先達て申し達し候通り、弥不作法の所行無く、武士道相守り、文武の諸芸懈怠なく修行致すべく旨、諸頭の面々より申し達すべく候、諸郷之儀程遠きの場所多く候間、地頭より郷士年寄り等へ急度相守り候様申し渡すべく候

但、諸地頭役の面々も文武の両道懈怠無く心掛け候儀第一ニ候、自身怠り候て支配へ何程申し渡し候共行われ難きハ当然ニ候間、この段能々相心得、風俗立ち直り、文武両道共真実の修行ニ相成り候様取り計らうべく候

藩主交代時に常に出される、風俗の乱れの矯正と文武奨励であるが、特に郷士を指揮する立場にある地頭の率先垂範による文武の修行を求めており、斉彬が郷士まで含めた武士総体としての士風の立て直しを考えていたことは注目されるが、それに止まるものではなかった。

方今乱階既ニ顕ワレ、士気振作ヲ必要トス、因テ城下諸郷ノ差別ナク、古制ニ復シ、親疎ナク人材ヲ撰ヒ、召仕フノ趣意ナリ、且ツ城下士モ貧窮ノ者ハ諸郷ニ土地ヲ与ヘ、屯田ノ制ヲ拡張シ、生計差支サル様ニ致シ遣シ度、今ノ様城下ニ屯集シ、書役等扶持米ノミヲ以テ生活スル法ニテハ、自然柔弱ニ流レ身体モ強カラス、臨時ノ用ニ立チ難シト思ヘリ

家格・格式の乱れにより士風が乱れているので、士気振作が必要である。それには、城下士より一段低く位置づけられた郷士の地位を回復し、城下士と同列で人材を選び、就役させるとした。城下士と郷士の同列化により、貧窮城下士が郷へ移ることの抵抗感も少なくなることは明らかであり、農耕による身体の強健化で戦時の用に立つ者になるとする。

これにより、人材抜擢・貧窮城下士救済・士風の立て直しを一挙に行おうとするものであった。斉彬が、城下諸士・郷士・与力などを名指しで呼び出し、武芸・学文・手跡などの試験をしたのも、この流れに沿うものであった。

また、斉彬は、藩が勧め、改めることを求めている文武の学文・風俗・容貌などは、志のある者も、飢餓に追われてはできず、経済的安定が必要である、と指摘しており、城下士・郷士の同列化はこれに叶う方法であった。

斉彬が敷いたこの城下士・郷士同列化の動きは、数郷を束ねる居地頭を配置し、郷士を外城士と

改称する元治元（一八六四）年、文武両面において郷士を城下士の水準に近づけようとする施策が採られることにより、格段に進められることになる。

（6）郷中掟の改定

先に述べた二才の行状を見聞し、斉彬は、郷中の改革が必要であると確信したであろう。嘉永五（一八五二）年五月三日、郷中の平日の行動を申告させると共に、郷中掟も提出させた。また、郷中掟が他郷中へ秘密の場合は、封緘して提出するよう指示した。

この時、提出された郷中掟の一つに「下荒田郷中掟」がある。

この掟制定の経緯は、同掟に「此節厚き思し召しを以て、士の風俗立ち直り候様、仰せ渡さる趣有り、組頭衆より郷中取締り人迄も仰せ付けられ候に付、吟味の上、郷約の条目相定め候」とあることにより明確である。

松本彦三郎氏は、「旧来の掟を参酌しつつ、充分に吟味を重ねた上で、新しい掟を制定」したもの、としており、斉彬の意向を忠実に反映した郷中掟ということになる。

下荒田郷中掟は、①「毎朔之御条書」および「仰出」の厳守、②朋友の交わり、③君父師の大恩、④四民の長たる武士の心得、⑤奉公精励、父母・兄弟・朋友・長者・幼者への対応、⑥重き役人・他郷中衆への礼儀、⑦文武精励、⑧世間付き合い、⑨諸芸道入門、⑩筆算の修行、⑪式日・式夜への出席、⑫掟違背者の処罰、⑬趣向きの根本の確認、の十三ヶ条からなり、幕府法の遵守から二才の行動規定まで多岐にわたる。

①の「毎朔之御条書」は、幕府法の厳守、奉公の心得、節倹、徒党・喧嘩の禁止など十一ヶ条からなる薩摩藩武士全体が常に肝に銘じておくべき基本法である。これと「仰出」を合わせると、下荒田郷中掟の行動規定である⑥〜⑫を除く内容とほぼ重なり、郷中掟の一項目としては過当である。

②〜⑤は、儒教的立場から忠孝・朋友・長幼について説き、さらに治乱何れの時にも国家に役立つ人物を目指し、文武の修行をするよう説く。

⑥は重き役人への礼儀に続き、他郷中衆に対しては、「児同心等にて大勢列れ立ち候節、他郷中の衆へ行き逢い等より、聊かの儀も到来致す事候間、此の方より礼儀を失せず様、路脇へ相廻り通り行き致し、猥りケ間敷き儀無き様致すべく候」と、諍いを避けることにしている。また、他人を侮り、誹謗せず、争論の原因となる言論を慎む、としている。

⑦は「学問武芸の心掛けなく、徒に集会致し、放逸遊楽に耽り候は、士道に相背き、不忠不孝に相当たる」とし、「平日廉直律儀相嗜み、事に臨み不覚の振る舞い無き様」と、文武の心懸けを強調し、徒の集会を厳しく制している。

⑧は「学問武芸同志外は、世間付き合い、若年の内は無用たるべく候」と、交際の制限である。

⑨は「諸芸道入門致し候節は、一統へ相談致すべき事」と、郷中へ相談の上で入門する。
⑩は、役務に必須の筆算の修行を勧めている。
⑪は、郷中の結束を固めるため、式日・式夜への出席や欠席届の提出を義務づけ、集会は武士道を穿鑿する場であった。
⑫は、人倫に背く者、文武修業を怠る者を戒め、改めさせ、さらに掟違反に対しては、「士道に相迯れ候儀、並びに小事と雖も不儀の行跡有り、再三に及び相諫め候ても我意相立て改めざる者は、長老の面々迄残らず相談を遂げ候上、義絶致すべく候、若し、宜しからざる所業有り候ても不頓着に召し置き相諫めず、段々増長致し候上、俄に義絶に及び候義は甚だ不親切に相当たり候間、見聞き致し候節速やかに相戒め申すべき事」と、諫言を受け入れない再三の違反者には義絶という、郷中から除外する最高の処罰を行う場合の手続きを規定している。
⑬では、郷中教育の目的は、風俗の正しい文武に通じた武士を多数輩出し、国恩に報い、祖宗の美名を顕すこと、であることを肝に銘じ勉励するよう求め、忠孝が趣向きの根本である、とする。

下荒田郷中掟は、文武・忠孝・士道の言葉に凝縮される抽象的・思想的箇条と、具代的な郷中の行動に関する箇条からなるが、斉彬の訓諭・意向を反映する、いわば官製の郷中掟であるといえる。しかも、郷中の動きは郷中取り締まり人に監視されることから、郷中教育は新たな段階、言うならば、藩に管理された郷中教育の段階に至ったと言えよう。

（7）新屋敷方限郷中学校

新たな段階の郷中教育を形として示すのが、新屋敷方限の郷中教育である。新屋敷郷中の新たな動きは、（1）定まった教場・稽古所の設置、（2）諸掟の整備、（3）指導体制の整備、に見られる。

（1）は、定まった教場がないことが郷中教育の特徴の一つであったが、これを覆し、定まった教場・稽古所を設置した。

新屋敷方限では、嘉永五（一八五二）年頃、方限取り締まり人として、物奉行・御軍賦役助田中源五左衛門・御記録奉行添役榎本新兵衛・御勘定所書役左近充喜平次の三人が任命されており、その史料の冒頭に「新屋敷方限郷中学校」とある。この教場・稽古所は、取り締まり人の一人である田中源五左衛門の努力によるものであり、教場を持たない他方限・郷中の者は羨望に堪えなかった、とのことである。

なお、『伯爵山本権兵衛伝』には、文武講習所（教場）は逸見仲太により上荒田方限（郷中）にも設置された、とある。

（2）は、郷中掟、稽古所規則、児二才式日・式夜掟が制定されている。

郷中掟を示すと、次のとおりである。

掟

一忠孝ヲ相励むべき事
一学問・武芸心掛け肝要たるべき事
一朋友の交わり信義ヲ宗トシ、礼譲正敷く相交わり、長者ヲ敬ヒ、幼少の面々へハ常ニ丁寧ニ教示致すべき事
一夜会の儀専ら士道ヲ論シ、行跡相進み候様心掛け、万一心得違い、仕損じ等有り候ハ、則申し諭すべし、余人タリトモ悪事ヲ揚ケ誹謗ケ間敷き儀一切申し間敷き事
一弐拾壱歳以下、式夜ハ勿論、夜会モ少々ノ支えハ押しテ出席致すべき事、尤も座席ヲ乱さず心掛け、穿鑿事等無き節ハ、稽古所当番・宿学の外、四ツ限リニ引き取るべき事
一他所付き合い厳敷く停止せしめ候事
一拾六歳以下壱人ニテ見物等ノ場へ差し越し、又ハ児同心致す間敷く候、尤も年若迄ハ学問・剣術迄修行致すべき事
一諸入門事、相談の上相定むべき事
一何事に依らず到来の節ハ、小事タリトモ則相談を遂ぐべき事

右、条々堅く相守るべき者也

忠孝・文武・朋友・長幼についての規定は、下荒田郷中掟に比べると、下荒田郷中掟にあった説明部分がほとんど省略されているが、取り上げられる項目は同じである。

郷中の具体的行動の項目は、夜会への出席、夜会の内容、他所付き合いの厳禁、若年者の交際制限、郷中に相談の上での入門、の箇条は下荒田郷中掟にもあり、郷中掟に共通するものであったのだろう。掟違反者への処罰項目はないが、稽古所規則の中に「徒の集会且つ猥りケ間敷き儀厳敷く停止せしめ候、若し違背に及び候向きハ屹ト吟味に及ぶべき事」とあり、郷中の衆議で処理されたものと思われる。

筆算修行の項目がないという違いはあるが、内容からみて新屋敷郷中掟も官製の郷中掟の色合いを強く持つものであったと言ってよいであろう。

(3)は、方限に定まった教育掛がいた。文久三(一八六三)年には、和田助七・田中源五右衛門・汾陽次郎右衛門の名が見られ、郷中全体の教育に目配りした。

注目すべきは、式日・式夜のカリキュラムが、次のように定められていたことである。

一 拾五歳以下毎日復読、但し、差引、二才ノ内ヨリ繰り廻し出席

一右同、二・七、八ツ後復読并字会、但し書、同断
一右同、毎月六日、席書、但し書、同断
一右同、三・八、大名カルタ取り
一大鐘ヨリ毎日内稽古
一一・六夜、拾五歳以上、素読
一二・七夜、右同、会読
一三・八夜、拾歳以上、軍書読み
一四・九夜、拾五歳以上、講釈聴聞
一五夜、右同、軍書読み
一十夜、不慮ノ吟味

指導も、十五歳以下の復読・字会・席書には、二才が繰り廻しで当たる決まりであり、また「長者人数申し談じ、時々稽古所へ出席致し、万事差し引き侯事ニ御座侯」と、長老も指導に当たっていた。

以上のように、新屋敷郷中では、郷中の閉鎖的性格は掟に残りながらも、教場・稽古所を持ち、式日・式夜のカリキュラムが定められ、指導体制を整えてきているのであり、学校教育に一歩近づ

いた新しい郷中教育であった。

下荒田郷中掟は、斉彬が期待するすべての内容を含む完璧な郷中掟である。この掟に違わず修行したならば、文武に通じ、忠孝・廉恥・節倹の模範ともなる人物が輩出することは間違いないであろう。実態はどうであったろうか。

(8)教育の成果

『鹿児島県史』には、稚児・二才の様子を、次のように記している。

当時、城下郷中に於いては六、七歳の稚児より悉く団体的調練を行ひ、各郷中稚児組・二才組は夫々稚児頭・二才頭の指揮により、稚児組は木銃、二才組は剣銃を担ひ、蘭式太鼓に歩調を整へ、日々午後より薄暮まで、各自方限の大邸宅庭内に調練を行った。

郷中の団結心を利用した稚児・二才の団体訓練は、斉彬の目指した強兵への道が実現しつつあったことを示しており、郷中掟改定の成果ともいえる。

しかし、郷中の実態は、これと反する面もあった。

安政五(一八五八)年、勝安房やオランダ人を乗せた幕府の軍艦観光丸が、斉彬の招きに応じ鹿児島へ来航した。石灯籠通りの海岸より上陸した幕府役人・オランダ人一行に対し、見物していた年若の武士子弟の者共が、「粗暴の放言」「荷付馬ヲ追ヒ放チ」「瓦礫ヲ抛チ」「途上ニ立塞リ暴言・罵詈」するという行為に出て、通行を妨げた。

直接行動に出た者は稚児が多かったが、それを唆したのは、相応の年齢の者で郷中先生と呼ばれる者達であった。この者共は攘夷思想に駆られたものでもなく、まったく「至愚ト血気」かつ「文盲武断」であるがための行為であった。

極端な一面であるにしても、これこそが郷中先生に指導される若者の実態であった。

斉彬は、この事件の報告に接し、「大小ヲ帯シ候計リニテ、凡下ノ族同然」であり、「兼テ郷中ノ申合セ等如何相心得候哉」と叱りつけたが、これほど郷中掟を守らない者が多いとは知らなかったと、改めて郷中教育改革の成果が上がっていないことを慨嘆したのである。

斉彬の急逝により、斉彬の諸政策は規模縮小、取り止めとなることから、郷中教育改革による人材養成の意気込みも、中途半端に終わったのではなかろうか。

事実、郷中間の喧嘩などが止むことはなく、慶応四（一八六八）年にも、清水馬場郷中稚児と町口郷中稚児との争いで手負いの者を出し、他にも三ヶ所で同様の争いがあり、喧嘩を勇ましいこととする伝統は続いた。それは、玉利喜造氏の後迫郷中での回顧談でも確認できるのである。

文武に通じた武士の養成という斉彬の意図は、郷中掟の改正では実現せず、空回りし、彼の生存中には実現しなかった。しかし、城下士・郷士の同列化、軍事調練の徹底により強兵養成の基礎は確立した。

なお、斉彬が遊学生などにより養成しようとしたエリートと、郷中教育の改革により行おうとした強兵養成との複線化は、郷中教育改革が意図された時からあった。

斉彬を信奉し、施策の趣意などを知悉する鎌田正純が、小野寺庸斎へ「上ヨリ一度令ヲ降し候儀ハ、端々末々迄モ信服イタシ、万事ノ制度易簡ニシテ、上下信義ヲ失わず、義ヲ見テ利ヲ忘レ、礼儀廉恥ノ士風ニ候へハ、博学多才の士少ク候テモ、相済むべき哉の事」と、問うていることに、国益を見据え、先を見通した上での教育の複線化であったことが見て取れる。すなわち、少数の博学多才（エリート）の士と対極にある多数の士は、上より命令が下れば、それを守り、「上下信義ヲ失わず、義ヲ見テ利ヲ忘レ、礼儀廉恥ノ士風」を叩き込まれた者であればよい、としている。この士風は、新たな郷中掟の下での郷中教育が目指すものであったからである。

（9）郷校

私領主の知行する郷には、好学の領主により学校が設立された。知覧の胥傚館、垂水の文行館、新城の松尾学館、種子島の大園学校、加治木の毓英館、宮之城の盈進館などである。地頭郷では、串木野に、天明～寛政の間に学文所が設立された、とされている。

私領主領の郷校は、造士館の小型にすぎなかった。たとえば、垂水の文行館は、安永五（一七七六）年、島津貴澄が「治国の要は教育なり」の考えに基づき設立したが、人材育成の教育機関としては機能していなかったことは、明治二（一八六九）年、地頭高崎正風が、斉彬の教育改革の理念に基づき、新たに垂水学校を設立しなければならなかったことによっても明らかである。

諸郷における教育の検討については、別の機会に譲るが、学文の程度は低く、郷役に就く家柄の者以外は、無学の者が多かった。そのため、斉彬は、学文が士風立て直しの基礎であり、それが城下士・郷士の同列化の前提であるとして、諸郷へ教育を普及させるため郷校の設立を進めた。嘉永六（一八五三）年八月、近在の吉野に雀ケ宮学校、中別府学校を設立し、造士館より教員を派遣した。

安政元（一八五四）年、「郷中に学校同様諸稽古所一ヶ所ずつ取り立て候様なる事にては、如何有るべく候哉」と、斉彬より新納久仰へ与えた指示によると、一郷に学校、稽古所を一ヶ所ずつ設置する意図であった。

『川内市史』によると、斉彬期に稽古所を地頭仮屋構内に建て、郷士の子弟が十五歳になれば、稽古所に入所して文武両道を学ぶ規定であった、とあり、郷によっては、郷校が作られていたことも知られる。

安政四年、有馬新七は、郷学（郷中学校）設立のため建言した。

まず、学ぶべき学文の標的について述べ、さらに、造士館教育の問題点と解決の具体策について、次のように述べている。

①学文は、本朝を尊び、外邦を賤しむのは当然であるから、儒教も本朝に折衷して、風土・人情に合わせて取捨する。造士館では「本朝ノ国典ヲ読ミ、御国体ヲ弁明致し候儀ヲ第一ト致シ、西土ノ経籍賢伝ヲモ講究」する。これを学文を学ぶ標的の第一とすれば、学文は正しくなり、読書、行動も忠義・孝敬の実より外れることはない。

②家老の中から一人、総裁を選び、文武の憲令を掌る人に当て、学校・軍政・演武館を委任する。また、家老座書役・御小納戸・目付・軍賦役勤めの者を助教・訓導師・督講・句読師・学監などと兼務させることにより、政事と学文が岐れている過ちを正し、ただ書籍を読み覚えるだけで、当世の務めに役立たない学文修行の現状を是正することが可能である。

③現在、文と武とはまったく別のものとする風があり、武人は学者を譏り、学者は武人を賤しんでいる。武士は文武両道でなくてはならない。学校と演武館の指導を一致させ、学風を政体一致させ、実用・実才の方へ立ち直らせるためには、文武双方における師の交流・兼務が必要である、とする。

有馬の学文観には、①に見るように、斉彬の影響が色濃く出ている。すなわち、国学を根本として、漢学・洋学の長を採り、国学の短を補うことにより、空文に流れず、時務に対応できる人物を養成可能な学文にする、とし、②③はそれを実現する指導体制の具体的方法を建言している。

さらに、この実用の学文を広げてゆくために、郷学について、次のように建言した。

一郷学召し建てられ度存じ奉り候、右ニ付き　御城下窮士モ相鮮からず候故、何卒右郷学へ給田成し下され、兼ねテ窮士御救助の為ニ仰せ付けられ度存じ奉り候、全体御国の儀ハ他藩トハ相違ヒ、諸士モ余多罷り在り候故、迚モ御高割り並ニ仰せ付け、常禄成し下され候儀ハ相叶い申し間敷かト存じ奉り候間、先年給地高御改正の節、御取揚相成り居り候高五六千石余モ御座有るべき哉ト風ニ伝承仕り候、右ヲ本ニ立テ、且つ一所持・寄合・その外諸士の中ニモ、給地高過分所持の者モ往々相鮮からず候ニ付き、右定格ト定メ、兼併ヲ抑え候テ、一所持ハ一所持ノ外ニ給地高所持相成らず、寄合ハ何千石ト御規格ヲ定メ、諸士モ同断ニテ段々御減少相成り候ハヾ、大概弐万弐三千石余ニモ相及び申すべし、右を御城下伍中毎ニ相下され、義倉の意を寓シ、郷学田ニ定め置かれ度存じ奉り候、左様御座候ハヾ貧富平均ノ主意ニモ相叶ヒ、諸士困窮ニ迫り候程の儀ハ御座有り間敷く存じ奉り候、尤も右郷田ヲ掌リ候者ハ、伍中ノ中清潔ナル者両三人撰ばされ、掛仰せ付けられ、窮士救助の術ヲ尽くし候様御座有り度、左候テ郷校の儀、幼年ヨリ素読ハ勿論ニテ、武ヲ専要ト致シ、廉恥ヲ崇ヒ、礼儀ヲ厚クシ候様、年長シ候者ヨリ教導致し、素読モ既ニ出来、義理の講習

討論モ相調い候様罷り成り候上ニテ、大概十八九廿ヨリ造士館へ罷り出、真文・真武の学益相励ミ候様御座有り度存じ奉り候

一右通り郷学相行われ候ハヽ、人才撰挙の儀、伍中ヨリ吟味の上造士館へ申し出、其の上造士館ニテ猶亦吟味致し、掛の御家老へ申し出、御家老ヨリ　上聞ニ達し奉り、敷奏言明試を以て、功の車服（官位・役職）を以て庸いる、の主意ニ基キ、徳義・才略各其の人の器能ニ依テ御選挙有り候様御座有り度存じ奉り候

右の建言の第一は、郷学の設立が、困窮城下士の救済と一体となっていることである。薩摩藩は他藩に比べ、武士が多く、家格相当の給地支給は難しいから貧窮士が必然的に多い。郷学田を設け、義倉のように扱い、教育と救済を両立させる。郷学田には、給地高改正時、不正行為者より取り上げた五千〜六千石余に、一所持・寄合・諸士の不法な所有高、新規に定める持高限度外の高を加えた二万三千石余を当て、郷中ごとに与える、とした。

第二は、学びの階梯を提案していることである。郷校では、幼年の素読は勿論、廉恥・礼儀などを年長者が教導する。教育が進み、十八〜二十歳になれば、造士館へ出て、真の文武を学ぶ、とした。

第三は、人材選考の手続きを定めたことである。

郷中より選ばれた者を、造士館でさらに吟味し、家老へ申し出、上聞に達して、文武の諸役に就役させる、とした。

ここでは、城下における郷学、すなわち、郷中学校についての建言であるが、吉野の郷校設置や新納久仰への指示などを勘案すると、諸郷への展開も当然視野に入っていたであろう。

しかし、有馬の建言どおり進んだならば、郷中教育の特徴である「定まった教場がない」とか「公的援助を受けない」という性格はなくなり、郷中教育とはまったく異なる教育組織に変化することになり、近代的学校組織にさらに一歩近づくことになったであろう。

しかしながら、有馬の建言が採用され、郷中学校が展開することはなかった。多分、郷学田設置には、一所持など富裕な上級士の反対があったことが、その理由であると推定される。

諸郷への学校の展開は、元治元（一八六四）年、居地頭制が一部に復活し、その地頭によって進められることになる。慶応元（一八六五）年、小林郷に、初めて小林郷士のための教場、学文所が設立され、地頭名越左源太により「文行堂」と命名された。

明治維新後は、先に挙げた垂水郷の他に、枕崎・川内・串木野の諸郷に学校が設立され、近代学校制度の前身となった。

六　むすび

1、「島津忠良・貴久連署掟」と「二才咄格式定目」の両史料は、郷中教育研究には欠かせない史料として扱われてきた。

前者は、郷中教育の基礎となったと評価される史料でありながら、忠良・貴久についての公式文書である御譜にも所載されず、どの段階で、どのようにして世に出てきた史料であるかも判然としない危うい史料であることは、伊地知季安も指摘している。それにもかかわらず、この史料は検証されることもなく、利用され続けられている。

また、後者も、郷中教育の方向性を定めた史料と評価される重要史料でありながら、制定者、制定年次についての言及のみに終わり、本文は吟味から免れ、正しいものとして取り扱われてきた。

本論では、両史料が、作成・制定された年代に相応しくない詞、内容であることを示し、偽文書

であると断じ、郷中教育の研究に際しては両文書を外して行うべきであるとした。

しかし、前者は、幕末期には書写され、流布しており、後者は、平郷中において郷中教育の活動に現に利用されていた、といわれている。すなわち、後者は、史料の信憑性はすでに問題ではなくなって、平郷中の二才にとっては、現実的意味合いを持つものとして理解されていたことも認めなければならない。

しかし、後世の歴史家が、この史料に基づいて慶長元（一五九六）年の二才像、郷中像を描き、云々することがいかに過ちであるかは、論ずるまでもない。偽作された史料によって再現される歴史像は、間違ったものであり、そのような間違った歴史像を描くことは、歴史を直視することでもなく、歴史に学ぶことにもならない。ただ間違ったメッセージを、後世に伝えることになるだけである。御召覧公園（鹿児島市）の兵六像を見た人は、これにより兵児の風俗を窺うことができるであろうか。

2、郷中教育は、強兵を養成し、維持する教育である。

島津氏と家臣の関係は、いわば同志的結びつきの面があった。特に、義弘期は、平生は、主従の上下関係が明確でなく、いざという時のみそれが屹と立ち、主君への奉公がなされた。その奉公は、「昔の士ハ死（身ヵ）を捨て、忠を尽くすことを以て、士の職となん誠に覚へたるゆへに、いか様御奉公を相勤め候ても、いまた死を捨てざれは、我々御奉公を勤めたりと存ぜざるなり」と、久保

御召覧公園（鹿児島市）の兵六狐退治像

著者撮影

『大石兵六夢物語』の狐退治挿絵

鹿児島県立図書館所蔵本より

之英が記すとおり、馬前の死、いざという時の死こそが本当の奉公であると意識されていた。

このような主従関係が常態である環境で育つ若者が、同様な行状であるのは当然である。和田秀存坊や是枝次吉のように、平生は無礼・不法とも見られる不作法な態度で主君や朋輩に接し、疎んじられたり、死を要求されたりしながらも、義弘は寵愛する面があった。いざという時に役立つ人物であったからである。和田・是枝は、「国風」を体現する者達であった。

文禄・慶長の朝鮮出兵は長陣となり、国元の風紀は乱れた。慶長二（一五九七）年二月、義弘は風紀、悪行を諫める「掟」を発し、厳しく取り締まり、違反者を厳罰に処したため、各郷二才の行状は改まったが、髪形・服装・行動に特色を持つ兵子二才の出現を見るに至った。兵子二才は、咄相中・郷中教育で再生産され、国風も維持された。

国風は、平時の治世には阻害となる風俗であったが、幕末期、外国船の来航による圧力に対抗するするには軍事力の強化が必要になり、多数の強兵養成に適した郷中教育が再認識されることになった。

斉彬は郷中掟の改定によりその実現を図り、さらに、城下士・郷士同列化策により強兵増加を意図した。さらに薩英戦争は城下士・郷士の意識をまとめることになり、強兵化策を後押しした。郷中教育はそれを支えるものとして重要な役割を果たした。明治期の高官の回顧談にある郷中の団体行動は、それを物語っている。

3、吉貴期から見られるようになる士風の変化は、重豪期に至ると国風から一変した。

「勝手の勤めをいたし、少しにても多く取り候士を働きよろしきとて褒美いたし、取り方少なき人をハ勤めずとて笑い申し候」あるいは「才覚にて少しにても所帯を仕上げ、普請をもいたし替へ、又ハ絹類を着用いたし候様にせずして正道に筆者小役人を勤め、いつも綿服の人は馬鹿と申やうなる風俗に成り申し候、歴々の小番家にて代々御番計りにて過ぎ候士ハ、たとひ才芸ハ有りても、是又馬鹿に見え申し候」と、利に聡いことを基準に人物を評価する世になった。

したがって、利を得た時には、「妻子の衣類飾りを第一にいたし、それより家宅を結構に作る事をいたし、其れより高を求め、役儀を貪り、酒宴遊興を繁く」することは、驕奢として非難されるのではなく、器量ある者のしるしであった。

学文・武芸すらも、「今ハ学問する士ハ、学問を以て貪欲の媒といたし、武芸する人ハ、武芸を以て利欲を求めるためなり」というように、利得のためなのであり、表面的には、利がすべてに優先する観があった。

古風、国風を守る者もいないわけではないが、その者も就役すれば利に走り、若年の内は古風に心酔したとしても、大人になれば忽ち当世風に染まる恐れがあった。

このような、利追求の風潮が蔓延している大人の世界が、武士子弟の教育、郷中教育に影響を与えないはずはない。

二才組＝郷中教育に加わり、古風の元気を保持する者は、「小番以下、十七、八才まで八古風を慕ひ候とも、今ハ十五、六才まで古風の二才道を立て、其れを過ぎれハ当時の風に陥り候なり」と、当風に染まる低年齢化が進み、今は十五、六歳で元服すれば利に染まるとする。

身体鍛錬を中心とする郷中教育は、年少期には意味を持つものとして親の一定の支持があるにしても、大人社会への準備教育としては評価されなくなっていた。

このような郷中教育への期待の減少は、藩の政策と家庭での教育の反映でもあった。藩は、吉貴以降、「首を上げ候ヲハ上より押さえ付け〳〵なされ候」あるいは「上よりハ甚だ敷く二才道を御取りひじき成され」とあるように、方限内で小与頭を通じて締め付けを徹底しており、二才の行動を規制した。また、重豪期の「都化策」の影響は郷中教育にも及び、郷中教育は、その阻害物となり、風俗を全面的に改められることが求められた。実質的に郷中教育の否定であった。

家庭の子弟教育への影響については、「近年ハ若士にて学問武芸をいたし候士にも、忠孝の本義、武士の覚悟を知らず候、是れ幼年より其の家風邪風を聞き馴れ、心に一物を以て労し候ゆへなるべし」と、久保之英は指摘する。

意識して行うかどうかは別にして、国風否定・利益追求を是認する考えが、家庭内で植え付けられることにより、子弟の教育が歪められている、と見ているのである。

久保之英の見解を中心にして、利の追求の蔓延と士風の変化について見てきた。吉貴以後の風潮

に批判的な久保であるが、全体としては頷けるのであり、利に対する武士の意識が変化するに伴う

士風の衰えは、厳然たる事実であった。郷中教育で教えられることと大人社会の実態との間には大

きなギャップができていた。

4、利追求の風潮を立て直すためには、治世の根本に立ち戻り改革する必要がある。

そのため、士商の名分を紊すことは是非とも必要であった。これは、重豪期から財政困窮を補う

ために、商人が献金などにより士身分を得ることが行われていた。「士《さむらい》成り商人」である。これは、

身分制度により統制される社会秩序を乱すことになり、士風の衰えに繋がるものであった。斉彬は、

安政四（一八五七）年、新規の「士成り商人」を禁止することにより士風の振起を図った。

また、士風の立て直しには、教育の力が必要である。郷中掟の改定により、明確な教育目標を示

して教導すると共に、教育効果を高めるため郷校を設立し、それを拡大することにした。一郷一郷

校制の導入である。

郷士の士風振起は、斉彬の城下士・郷士の同列化により先鞭が付けられるが、元治元（一八六四）

年、再置された居地頭により精力的に進められた。慶応元（一八六五）年の郷士年寄を「曖」、郷

士を「衆中」と近世初期の呼称に戻すのは、その仕上げであった。

あとがき

平成二（一九九〇）年、「郷中教育の再検討試論」（九州大学国史学研究室編『近世近代史論集』）を執筆した後、とぎれとぎれながら郷中教育関係の論文を世に問うてきた。郷中教育の「定説」の間違いを指摘し、郷中教育の研究を推進してきたつもりであるが、これらについての反応は、私の知る限り、皆無である。

だが、「定説」は、傷をつけられた様子もなく、現在も相変わらず利用されている。

平成二十四（二〇一二）年一月発行の『鹿児島大学の約束』には、平成郷中サポーター制度について記し、郷中教育の教えとして、①負けるな、②うそをつくな、③弱い者をいじめるな、を挙げている。この三ヶ条を校訓としている学校もあり、郷中教育のモットーとして広く知られているものである。

では、この三ヶ条は、郷中教育が実際に行われていた時に、定められていたであろうか。

三ヶ条のみの郷中掟はないので、後世に郷中掟から抽出したものであるが、そもそも、郷中掟などに、この三ヶ条が載せられているであろうか。

②は、虚言（加治木・新城の教訓）、造言（『草牟田郷中掟』）の禁止としてあり、③は、「我より以下の人をこなす間敷事」（『草牟田郷中掟』）、「後輩を虐げまじき事」（新屋敷郷中「言ひ合せ事」）と、異なる表現であるが、同意の箇条がある。しかし、①は、知られているどの郷中掟などの中にも、同意のものもない。

郷中掟は、忠孝・文武に関する項目と行動規制の項目の組み合わせにより制定されているから、そのどちらでもない①は、郷中掟の箇条として入る余地はないのである。

すなわち、歴史事実として根拠づけるものがないままに、郷中教育のモットーとされ、しかも、「はじめに」で指摘したとおり、現代にも通用するよう解釈し直され、郷中教育は人材養成に有効な組織・教育法であるとする、二重の過ちを犯している。

歴史に因む学校行事として「立志式」が現在も行われている。元服する年齢であった十五歳を機に、志を立てさせる、将来の目標を述べさせる、というものである。

志を立てることが目標へ向かう第一歩であるから、立志させることは大事であるが、元服に因むとなると、首をかしげざるをえない。

元服は、大人成りの行事である。元服を機に、就役の権利を得、周りが一人前の人間として認め、取り扱う、という環境の変化があるからこそ、武士としての自覚、大人としての自覚が出てくる。

「立志式」はどうであろうか。立志した者に対し、学校・親・地域社会の見る目が変わったであろうか。

元服に因んで言うなら、周囲が変化することにより、志を貫く自覚ができ、志を貫くという意思は持続する。歴史上の事柄は、その背景と一体となっていることを捨象してはならない。

郷中教育を現代に生かす、という場合も、同様である。

江戸時代、郷中教育が最もその機能を発揮したのは、斉彬以降である。

ここでは、君父師の大恩を忘れるな＝従え、君国のためには身命を抛つ、などの忠孝、奉公の明確な教育目標が設定され、徹底した鍛錬・訓練によりそれが教えられ、強兵に育っていった。

西南戦争後、郷中教育の跡を継ぐ学舎が創設されたが、衰微していった。その理由の一つに、学舎では学力が付かない、ということがあった。なぜか？　考えて欲しい。

現代に、郷中教育、またはその精神を生かそうとする時、どのような教育目標を掲げるのか、ここに何を期待するのかを明確にする必要があろう。本書がそれを考える一助になれば幸いである。

薩摩の武士子弟教育については、上級士の教育、郷士の教育をカバーすることにより完結する。これもできるだけ早く世に問いたい。日暮れて道遠しの感があるが、少しずつ進めてゆくつもりである。

本書では、歴史の専門家や近世史料の読み方に慣れた人以外の人々でも読みやすいように、史料はすべて読み下し文に替え、また煩雑さを避け、あえて出典の注記はしなかった。後出の初出論文一覧により参照願いたい。

なお、本書の出版にあたっては、読売新聞社鹿児島支局長丸茂克浩氏・鹿児島県立図書館・出水市および南方新社梅北優香氏にお世話になったことを記し、感謝の意を表する。

初出論文一覧

1 郷中教育の再検討試論（九州大学国史学研究室編『近世近代史論集』）一九九〇年。

2 郷中教育の成立過程　上（『鹿児島大学教育学部研究紀要　人文社会科学編第四二巻』）一九九一年。

3 郷中教育の成立過程　下（『鹿児島大学教育学部研究紀要　人文社会科学編第四三巻』）一九九二年。

4 郷中教育の完成　上（『鹿児島大学教育学部研究紀要　人文社会科学編第四四巻』一九九三年。

5 郷中教育の再検討（『藤野保先生還暦記念会編　近世日本の社会と流通』）一九九三年。

6 郷中教育の完成　中（『鹿児島大学教育学部研究紀要　人文社会科学編第四五巻』）一九九四年。

7 薩摩藩における士風の変化について（『史淵』（九州大学文学部）一三四輯）一九九七年。

8 幕末維新期、薩摩藩の郷中教育（『日本歴史』六一二号）一九九九年。

■著者紹介

安藤　保（あんどう・たもつ）
昭和16（1941）年8月18日、鹿児島県日置市伊作に生まれる。鹿児島県立吹上高等学校卒業。九州大学文学部史学科（国史学専攻）を卒業し、同大学院文学研究科修士課程に進学、同博士課程を経て、昭和46（1971）年4月、東海大学文学部講師就任、助教授となる。その後、鹿児島大学（教育学部）助教授・教授を経て九州大学へ移り、平成17（2005）年3月、九州大学大学院人文科学研究院教授にて停年退職。鹿児島大学名誉教授・九州大学名誉教授。専門は社会経済史学。大分県日田の豪商広瀬家、熊本県本渡の豪商石本家を中心にして、豪商と九州諸藩との関係、地域的金融などについて研究する。退職後帰郷し、黎明館史料編纂委員・顧問として『鹿児島県史料』の出版に関係し、現在に至る。

郷中教育と薩摩士風の研究

二〇一三年九月二十日　第一刷発行

著　者　安藤　保
発行者　向原祥隆
発行所　株式会社南方新社
〒八九二―〇八七三
鹿児島市下田町二九二―一
電話〇九九―二四八―五四五五
振替口座〇二〇七〇―三―二七九二九

印刷製本　株式会社イースト朝日
定価はカバーに印刷しています
乱丁・落丁はお取替えします
ISBN978-4-86124-277-9 C0021